START
25才 12月1日
この街を食で元気にするという気持ちで産まれた鶴岡に帰郷

ホテルに就職
この鶴岡を食べ物で元気にしよおーと叫び続けた

先輩にいじめられた

洗い場のおばちゃん達が…
味方になってくれた

料理長に就任

様々な食の催しを企画し試みるも反応な…

大きな組織…
むずかしい…
わかり退社

農家レストランの料理長をするも.又.現実を味わう

庄内の食べ物を伝えるには自分でやるしかないと庄内Veg Italian
アルケッチァーノ）独立

地物あつまりはじめる

生産者の方とのネットワーク拡がっていった

地物を使ったメニュー100種に挑戦！

日々庄内の素材を使ってやっぱりここはすごいかもと思った

山形のイメージを良くするために庄内を食の都にして農業県山形をとりもどしたいと思った

庄内の生産者の所へ行き食の都庄内にしたいのでボクに力をかして下さいとお願いした

みんながオーッ山形のためにやるぞおーと言ってくれた

行政に嘆願！

庄内の食材が料理専門紙にのりはじめる

運命の羊が様々なレストランで評判になり話題に！

羊の取材とアルケの取材が多くなる

羊以外の生産者の所へつれていった

中央のマスコミの方がたくさん来てくれるようになる

駅や空港に「食の都庄内」の看板や旗が立つ

「食の都庄内」の観光ツアー出来る

鶴岡市がユネスコ創造都市食文化部門の認定をめざす

世界に鶴岡をPR

# 地方再生のレシピ

食から始まる日本の豊かさ再発見

アルケッチァーノ
奥田政行

自分の暮らすところを再生するには
自分の地域を世界から見て
なにがあって
なにが無いか
なにが長所で
なにが短所かを知ること
世界の中で
日本の中で
なにがオンリーワンなのか
これがわかると
なぜ自分の地域にはこんな料理が残っているのか
なぜこんな味が好まれているのかが
わかります
そしてこの先の未来に
どんな料理が生まれてくるのかも
見えてきます

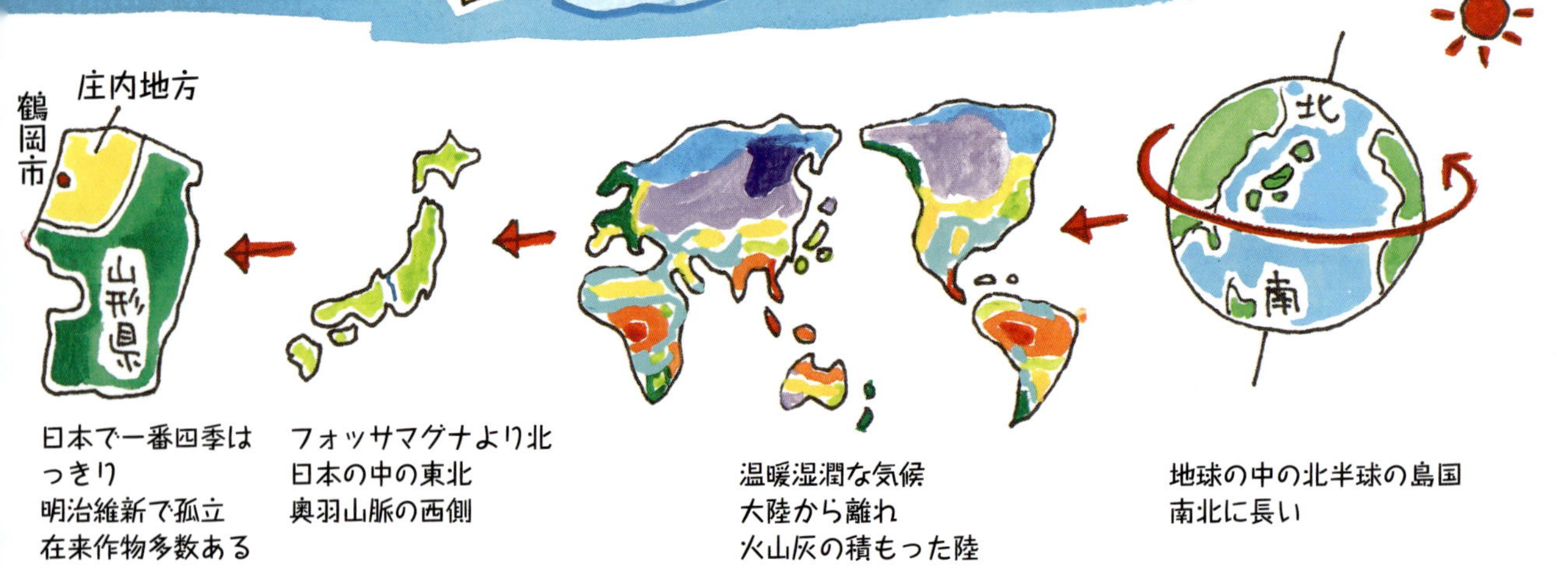

地球の中の北半球の島国
南北に長い
温暖湿潤な気候
大陸から離れ
火山灰の積もった陸
フォッサマグナより北
日本の中の東北
奥羽山脈の西側

日本で一番四季ははっきり
明治維新で孤立
在来作物多数ある

自分の地域を好きになる
そうするといろんなことが知りたくなる
調べて調べて、知り尽くすと
悪いところも見えてくる
それも全部ひっくるめて地域のことを考えると
好きが愛に変わる
覚悟ができる
勇気が湧く
自分がいなくなったときにこの地域に何が残せるか考える
自分の行動が変わる

もくじ



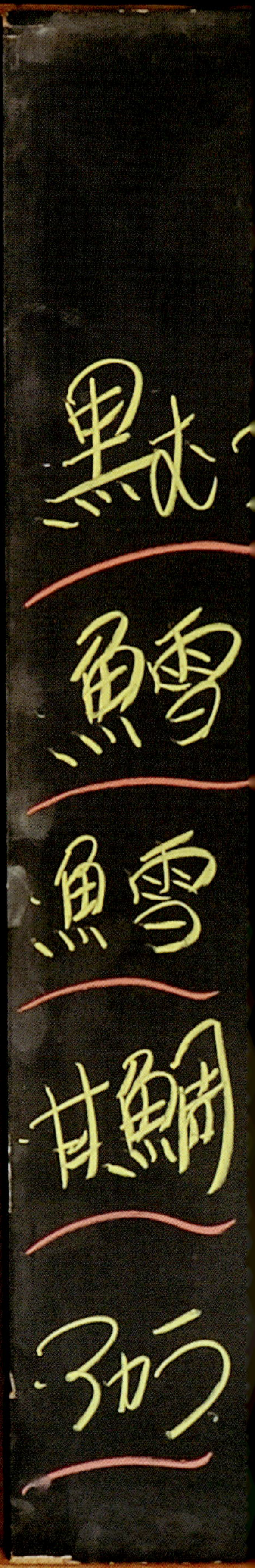

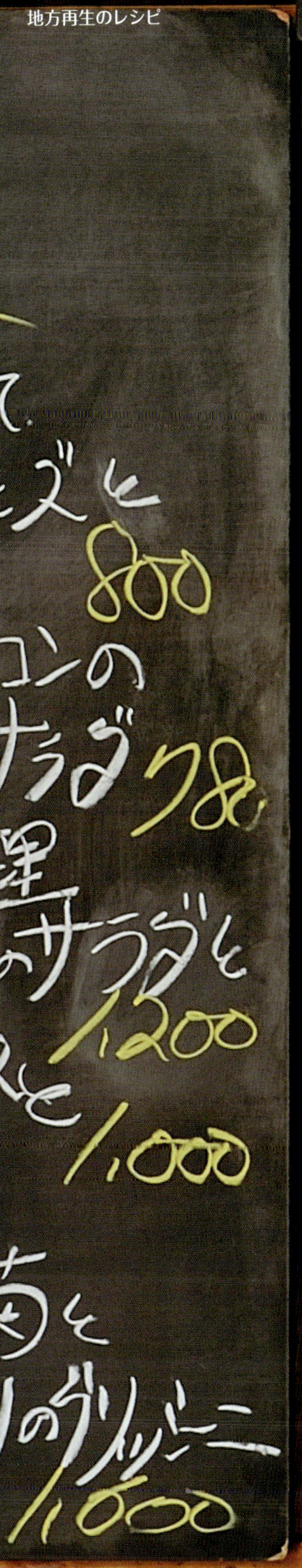




## 第4章　地方の原石の磨きかたのレシピ





## 第6章　未来を変えていくレシピ

# 第1章 地方を元気にするお店づくりのレシピ

きれいに光る石を拾い集めて
磨いていたら
面白そうだねと
人が集まってきて
みんなで一緒に磨き始めた

すると
たくさんの人がやって来て
その石はとてもすてきだねと
言ってくれた

土地に根差した
食習慣を
食文化に変えていく
これが地方再生の
はじめの一歩

## アルケッチァーノはどのようにして全国から人が集まる店になったのか

私が31歳の時に１５０万円の資金で立ち上げたのが「アルケッチァーノ」というレストランです。

このお店は、庄内平野の田んぼの中にあり、鶴岡市の市街地からも遠く、言うなればお客さまがやって来にくい場所にあります。

東京からの時間距離は、東京駅を起点にしてJRならば4時間近く、飛行機を使っても空港へのアクセスも入れて2時間半はかかります。最寄り駅には新幹線も通っていませんし、近くにはやりのテーマパークがある訳でもありません。

そんな片田舎で開店した、席数36のちっぽけなレストランです。

それでも北は北海道から南は沖縄まで、そして海外からも、これまでたくさんのお客さまに来店いただいています。

初めは繁盛している店とはとても言えたものではありませんでしたが、２年目ぐらいから忙しくなり、4年目ごろから雑誌の方が取材に来られるようになりました。そして誌面で紹介され始めると同時に全国からお客さまがやって来るようになり、次第に予約でいっぱいのお店になっていったのです。

開店から数年間の中で私が最も努力したことは、地元を知ることと時代を読む力を磨くことでした。

私は地域に散らばっているさまざまな特色をつぶさに観察して、どのように掛け合わせて、どんな見栄えでプレゼンテーションしていったら多くの方に注目してもらえるかをひたすら考え、試行錯誤を繰り返してきました。

私が仕掛けてきたことといえば、

**①地域全体に散らばる原石（食材）を拾い集め**

**②一つずつ磨いてブランドに育て**

**③地域全体で豊かになる工夫を、地元の人たちみんなとしてきた**

ということです。これを私の店アルケッチァーノを拠点に実行したわけです。

おなかがすくと人は食べ物を求めますよね。私はこの自然の摂理を利用しました。

食事をする場所に人は一定の時間滞在しますから、その時間、食べ物を通して地域のことを伝えたのです。

アルケッチァーノで出される料理はいわば庄内の見本市。ここに来てメニューが書いてある黒板を見ればこの地域のことが丸ごとわかるようにと考えたら、アラカルトメニューは１００種類にもなりました。

そして「シェフお任せのフルコース」は、お皿の上で庄内地方を巡る観光ツアーに見立てました。

庄内浜の沖合から始まって、磯、浜辺、平野、川、山の裾野、そして山の食材で終わるという、その日の庄内の「最高の見所」を巡る旅です。平均十一皿、多いときは十五、六皿になります。

全てを食べてもらいたいので塩分も一皿の量も少なめ、オイルも控えめにして、飽きないようにお皿ごとの味の移り変わりにも工夫を凝らしました。

おなかだけでなく頭も満たしていただこうと、食べていただく横で食材の育った環境や生産者の方の話もしました。

こうして毎日ひたすら料理をして庄内の情報発信をし続けたところ、予想を遥かに超えた反響があったのです。

ここに至るまでの間には、実はたくさんの仕掛けをしてきました。もちろん私一人だけの力ではありません。そこにはこの地域を愛するたくさんの人の思いと努力があります。

その時その時、精いっぱいでしてきた仕掛けをこれから全て明かします。

# 地域活性化にレストランが有効なわけ

地域の魅力を、料理を使って最大限にお伝えする。

ふるさとのために、自分で自分に課したミッションです。

料理を食べた人に、「庄内っていい所だなぁ」とこの土地を魅力的に感じていただくことが、この地域を元気にする第一歩だと思ったのです。

ではなぜ料理なのかというと、「その場で食べられて」「感動してもらえる」と、後から「誰かにしゃべりたくなる」からです。

この三つ目の、誰かにしゃべりたくなる、が最も重要です。

みなさんの地域のご自慢が、名所旧跡だったとしましょう。歴史的に名高い建造物や、雄大な景色が楽しめる素晴らしい自然の風景ももちろん、訪れた人の心に残るでしょう。

しかしそれらに勝るのが「食べたものの思い出」です。

いつもと違う空気、いつもと違う景色、そこに旅の高揚感も相まって、五感はいつにも増して感度良好です。

そんなときに、見た記憶、聞いた記憶を凌駕《りょうが》するのが味の記憶なのです。

とはいえ食べ物なら何でもいいかというと、なかなかそうでもありません。

例えば生の食材は店に並んでいてもその場では食べられません。言葉でその良さを伝えるには限界があります。

まだあまり知られていない食材ならばなおのこと、気が向いた方だけが買い求めてくださるにとどまります。

よしんば宣伝がうまく伝わって買っていただけても、家に帰って料理をするのは買った方ご自身です。

食材の良さを十分に引き出していただくには、初めての方には難しい場合があります。特に在来種などの個性の強い野菜たちは、独特の癖があるのでなおのこと難しいのです。

さあ、ここでレストランの出番です。

私はアルケッチァーノを訪れてくださった方に、その食材の良いところを引き出した料理を食べていただくことに全力を注ぎました。

地元の食材を主役にした料理を次々と開発していったのです。イタリア料理にとどまらず、和食、フレンチ、中華の技法も、野菜によって使い分けました。

ここにしかない食材から考え出した料理は、どこにもない、世界でここだけの料理となりました。

例えば鶴岡市の藤沢地区に、たった一軒の農家が種を受け継いで残してきた在来作物の「藤沢カブ」という野菜があります。

藤沢カブを主役にした料理を考え「藤沢カブと庄内豚の焼き畑見立て」と名付けました。

料理を作るときに、大切にしているのは生産者の方に向かって料理を作ることです。

食材を作った方に食べていただいたときに、生産者自身にそのおいしさを再認識していただけるよう、自分のできる最大限の手を尽くすのです。

その食材にどんな思いを込めているのかを第一に考えて料理をすると、完成度の高い料理が出来るからです。

こうして出来た藤沢カブの料理をお出しするようになって、しばらくすると、予約の電話で「藤沢カブの料理が食べたいのですが」と念押しされる方が出てきました。

どこで聞いたのかな？ と不思議に思っていましたが、どうも口コミで「あのカブの料理はとてもおいしい」と広まったようなのです。

そうするうちに、雑誌社の方がこの料理を食べに来られました。そして「とってもおいしかったわ」と言って、誌面で紹介してくださいました。

すると今度はテレビ局が取材に来て、全国放送の番組を作ってくれました。その中で有名シェフが私の料理を「おいしかったよ」と言ってくださいました。

こうして庄内とアルケッチァーノはますます人の知るところとなり、日本各地、さらには海外からも、庄内の食材を主役にした料理を食べに多くのお客さまに来ていただける店になったのです。

おいしい食べ物は人の心をつかんで離しません。

目で楽しみ、舌で味わい、飲み込んだときの満足感は胃袋へと落ち、その人の体の細胞に染み込んで深く記憶されます。これを訪れたその場で体感する。

刻み込まれたこの記憶が

「あそこで食べたあれ、とってもおいしかったわよ」

と言葉に変身して口から飛び出し、その言葉が新たな人を呼んできてくれるのです。

農水産物においては、料理に勝る宣伝方法はないと私は確信しています。それがすなわち「その先の需要」につながるからです。

買ってほしい食材は、どんなふうに料理をしたらおいしいと感じていただけるか。

産地のすぐそばでその食材の最高のポテンシャルを引き出し、料理という形で最高のパフォーマンスで表現する。これが地方のレストランの役目なのです。

食材の魅力を、消費者も生産者も再発見できる、訪れるだけでワクワクするような場所でありたい。

庄内の言葉で「あったよねぇ」という意味の店名アルケッチァーノには、そんな願いが込められています。

◆情報発信の拠点をつくる

# 100円ショップの皿から始めた店づくり

私は東京で料理人の修業をし、鶴岡駅前のホテルで調理担当で就職して最後は料理長になり、一転して小さな農家レストランを任されました。

ようやく念願の自分の店を持つことができたのは31歳の時です。

とにかくお金がありませんでしたので、家賃の安い所を探しました。

何とか見つけ出したのは、町の外れの一軒の空き店舗。いかにもはやりそうにない場所ゆえに、家賃は駐車場13台分付きで10万円。

100円ショップやホームセンターに行き、皿やナイフ、フォーク、グラスといった食器類から、カーテンやテーブルクロス、いす、掃除道具までを調達し、車にぎっしり詰め込んでは何往復もしました。

その段階でもう厨房《ちゅうぼう》の設備を整える予算はありませんでした。あらかじめあったのは、喫茶店で使うような火力の弱いこんろが5口と家庭用のオーブントースター。とても十分とはいえませんでしたが、不安はありませんでした。

厨房機器は初めからそろっていなくても大丈夫です。むしろ無い方がいい。

なぜかというと、あるものでやりくりしようとするので自分だけの知恵と創意工夫する力が身に付くからです。

私は自分の店を開業する前に働いていた農家レストランで、流し台のほかに家庭用のガスこんろが1台だけ、という経験をしました。

イタリアンの店で、こんろが2口というのは本当に大変でした。

一つはパスタをゆでるために大きな寸胴が置かれて終始埋まっています。

もう一つの火口だけで、次々に注文される何種類ものパスタを完成させていかなければなりません。火力も弱く、出来る調理も限られています。それでも諦めず、メニューに妥協を許しませんでした。

目の回るような忙しさをこの二つの火口の上でこなした経験は、今では私

## 工夫から生まれた知恵

**●急いでお湯を沸かさなければならないとき**

空いている火口全部の火をつけて、全てにフライパンを置く。フライパンが熱くなったらそれぞれに少しずつ水を入れふたをする。沸いたらまた少しの水の投入し、これを繰り返して全ていっぱいになって沸騰したら、大きな鍋に統合する。一つの鍋で沸かすより早く沸騰したお湯を作れます。

**●ラップを使った簡易圧力鍋**

火口が少なかった中で生まれた手法。コースメニューのとき肉のスープを保温しておきながら最高の火入れの状態をキープし続ける方法です。パスタのゆで汁の鍋に、具材を入れてラップをしたポットを放置。営業中はずっと浮かべておきます。中の空気が膨張してラップはぷーっと膨らみ、液体は沸騰しない。ちょうど良い火入れ具合をキープすることができ、さらになぜか濁らない澄んだスープになります。

写真はわかりやすいように小さな鍋に入れています。営業中はパスタをゆでる寸胴などにこのポットを浮かべます。

**1** 内装は居抜きで借りた当時のまま、今でもほとんど変わっていません。アットホームな感じが気に入ってます。**2** 壁は自分でペンキを塗りました。今でも見るたびに初心を思い出します。**3** 100円ショップの皿は3年くらい使用しました。皿は安くても料理の腕は毎年上がっていったと思います。**4** オープン記念に撮った写真です。お金はなかったけれど「やるぞ！」という気持ちは120%でした。

の宝物です。このとき限られた道具で自分なりに編み出した調理法は、いまでも私の厨房で大活躍しています。

便利な機械しか使ったことがない料理人は、それがない場所では料理ができない人になってしまいます。

例えば最近のレストランの厨房の多くには、スチームコンベクションという温度と加熱時間を自動調整できる高価な調理器具が置かれています。そこで修業した若い料理人は、その機械がないと料理が作れないと思ってしまう。

でもそんなことは決してありません。

私は何も無かった農家レストランの経験のおかげで、海外での設備が十分でない会場でも、東日本大震災の炊き出しでも、どんな状況でも乗り切って料理を作ってきました。

道具がなければないなりの工夫をすればよいのです。そこでの知恵と工夫はお金では買えない価値があります。

ですから新たにお店を始めようという人は、初めからたくさんの設備に投資して大きな借金から始めるのではなく、できるだけ少ない負担で開店し、徐々に必要なものを買いそろえていくことをお勧めします。

その方が築き上げる喜びを感じられ、1日1日の仕事が楽しくなります。

## 見栄えを保ちながら安く押さえるコツ

- ●絵は額は高いが中身は画集の切り抜き。
- ●皿は100円ショップ。ウエルカムプレートだけ高い物。
- ●コーヒースプーンは、薬味用のさじだと38円。コーヒースプーンとして買うと400円。
- ●カーテンレールはシンプルな安物で、逆にカーテンは高い物。
- ●洋食器メーカーが作った和皿は高いが、和食器メーカーが作った洋皿は安い。
- ●1800円で買えるオーブントースターを使う。上火の遠赤外線が出るので魚の火入れなどには十分。
- ●厨房用フライパンは高いのでフッ素樹脂加工のフライパン。ホームセンターが破格。
- ●いすは家具屋さんの半端物を探すと28000円が6000円。
- ●いすに合わせてテーブルを作ってもらう。テーブルにいすを合わせようとするといすの方が数が多いので高くつく。
- ●カセットこんろ、炭火焼きこんろなど簡易の火口を利用。ホットプレートは特に便利。メインの付け合わせ野菜を調節しながら焼ける。

プロ用にこだわらなくてOK！弘法筆を選ばずの気持ちで！

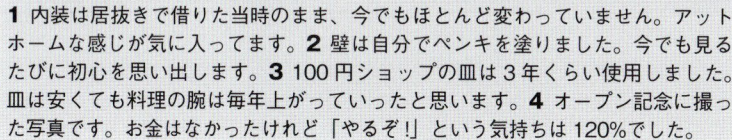

## ◆情報発信の拠点をつくる

# 黒板メニューが全てをかなえる

## ～忙しい時も、暇な時も、地産地消も

メニューは黒板に書くことにしました。これは田舎でレストランを開こうという方には、自信を持ってお勧めします。

実は黒板を使うというアイデアは偶然の産物でした。

居抜きで借りた古い建物は、かつて軽食喫茶でした。一番目立つ壁に大きく、「ステーキ&ワイン」という文字が貼り付けてありました。

格好悪いので無理やり剥がしたら跡が残ってしまいました。

困ったなあと考えあぐねた末に、いっそのこと隠してしまおう、と思いました。

そして一番大きな黒板を買って、その上に掛けたときに「そうだ、この黒板にメニューを書けばいいや」と思い付いたのでした。

こうして始まった日替わりの黒板メニュー、15年たった今でも続いています。

メニュー表は、紙で作るとデザインや印刷、そして紙代に結構な費用が掛かります。さらに一度作るとそれが自分の足かせになってしまい、メニュー表に縛られた仕入れになってしまいます。

季節によって食材が変わる、事情によって日々メニューや値段が変わるという小さなレストランには、黒板メニューはとても重宝なアイテムだと私は思っています。

逆にメニューや値段をいつでも変えられることで、店の営業を効率よく展開することができるようになります。

海がしけで仕入れられる魚が少ない、なんていうときには小さくぎっしり書かれていた前日のメニューを消して、少ないメニュー数でも大きな字にして黒板を埋め尽くすことができます。

また売り切れれば消すことができますから、たったひと皿しか作れないという料理でも、その日のメニューとして提示することができるのです。

そして黒板メニューには、とっても便利なある側面があります。

それは、お客さまに頼んでほしい料理を意図的にコントロールできる、というものです。

レストランには毎日さまざまな食材が入ってきますが、たまたま安くたくさん仕入れることができた良質な食材というものがあったりします。

これを使ったメニューをたくさん出したい。

そう思っても、お客さまの気分はそれぞれですので、そう思い通りにはい

きません。

そんなときに私はこんな工夫をするのです。

頼んでほしいメニューは、躍動感のあるきれいな丸文字で、目立つ真ん中に書きます。

一方、たくさん頼まれると厨房がてんてこ舞いになる、しかし味に自信はあるので少しのお客さまには頼んでほしい、そんなメニューはカクカクとした下手くそな字で黒板の端の方に書きます。

そうすると不思議や不思議、こちらの理想的なバランス数で注文が入るのです。

それともう一つ、「ランチ倒産」を防ぐのにもこの黒板は有効です。

ランチは行列が出来ているのに、知らぬ間にお店がつぶれてなくなっていた、というのは実はよくある話です。

お店側は客単価の高いディナー用に仕入れた食材を次の日のランチに使い回すので「ランチはサービス価格」と思っていても、お客さまはランチの価格と比べて「夜は高い」と考えます。

店はお客さまの来ないディナーの宣伝をするためにチラシを作ってランチタイムに配りますが、広告費ばかりが出ていって見合う利益につながりません。結局またランチの値段を安くするという負の連鎖が始まります。

そこで有効なのが3枚の黒板です。

1枚目に前菜、2枚目にはパスタやリゾット料理、3枚目にメインの肉と魚料理を書きます。

前菜とメインの黒板には、

「エイのオーブン焼きと酸っぱいキャベツ軟骨も一緒に食べてみて！」

「朝日村のヤマブドウのヴィンコットでマリネした丸山さんの羊のレバーのグリル」

「タヌキのもも肉と赤ピーマンのペペロナータ勇気とともに一度お試しあれ」

などなど、生唾ゴックンのメニュー名を書きます。そしてお客さまが食べたいなと思うと、前菜とメインの黒板の上には「こちらのメニューはディナータイムのみです」と書いてある。

お客さまの気持ちには「食べたい」とすでに埋め込まれていますから、夜食べに来るしかないなとなります。

この3枚黒板作戦で、街外れにあるアルケッチァーノは昼も夜も満席の店になりました。

夜のためだけにある2枚の黒板が、チラシ代わりになっているのです。

# 地元の野菜を必ず使う

## ～地域の農家と仲良くなろう

お店では地元の食材を使うと初めから決めていました。

東京で修業をしていた時から、庄内から届く食材は群を抜いて優れていることを知っていました。

そのころから店を開くならば地場産品を食べていただく店にしたいと思っていましたので「地場イタリアン」という言葉を考え、看板に掲げました。

地元の食材で料理をするレストランをつくるぞと張り切っていましたが、店を開店した途端、早速壁に突き当たりました。

それは、地元の食材がそろえられない、ということでした。

そのころは産地直売所も今ほどなく、各地の市場を中心とした流通が一般的でしたので、レストランで使う少量の地物の野菜、魚、肉といった仕入れルートが探してもまるでなかったのです。

私は焦りました。すぐ近くの畑で見掛けるいろいろな地物野菜が、自分の手に入らないのです。

私は農家の方を直接訪ねてみることにしました。

畑仕事をしている方に声を掛けて、作っている野菜を売ってくれませんかとお願いしました。しかし農家の方は一向に首を縦に振ってくれません。

当時は野菜の流通は農協が主軸で、農家の方は農協に納めていたので、よそに売ってはいけない暗黙の了解になっていたのです。私はそのことをよく知らなかったので、何度も通ってお願いしました。

初めはにべもなくお断りでしたが、次第にこちらの意図も理解いただけるようになると「売ってやりたくても売れないんだ。決まりだから仕方ないんだ」と説明してくださるようになりました。

なるほどと理解したものの私も必死だったので、「それならお金で売るのではなくて、物々交換させてください」ととっさに思い付いてお願いしました。お金で買いさえしなければ取引にならないと思ったのです。

これがアルケッチァーノを仲介とする、物々交換ネットワークの始まりでした。

例えば、店で購入した豚肉があるとします。私はその豚肉を持って、里芋農家を訪ねます。そして里芋と豚肉を交換するのです。

魚があれば、魚が好きなナスの農家に行って交換していただきます。

ワインのときもありました。そしてここがポイントだったのです。

レストランで使っているワインが１０００円の仕入れ値のものだとすると、同じものを酒屋さんでは１３００円で売っています。生産者の方から１０００円分の野菜をもらったときにこのワインを渡すと、生産者の方は３００円得したことになります。

和牛ならば、１００ｇ８００円で仕入れたものは百貨店だと材料ロスの分も小売値に乗っているので、１５００円ぐらいします。８００円の野菜と８００円の和牛を交換すると、生産者の方は７００円も得したことになるのです。

「奥田さんに野菜をあげると、お宝に変わるんだよ！」と言われ、生産者の皆さんに大変喜んでいただきました。

さらに仲良くなった農家にお願いして、アルケッチァーノ専用の畑の生産管理をしてもらえることになりました。

こうして私の店に地元の野菜が少しずつ集まり始めました。

若かった私に畑の知識を授けてくれた井上馨さん。完熟してから収穫する「樹熟トマト」は甘味と酸味と食感のバランスが良く、野菜としてのトマトの風格を感じさせてくれます。また井上さんの小松菜は生で食べられてシャキシャキしていて心地良い苦味があります。私が「スーパー小松菜」と名付けたところ、東北でブームが起こり、スーパーや百貨店から引き合いが多くなり、同じ小松菜を作る生産者が増えました。

◆情報発信の拠点をつくる

# 料理人の休みの日の過ごしかた

## ～食材巡りを趣味にしよう

鳥海山の山裾、遊佐町の吹浦の浜辺。庄内の岩ガキのおいしさの秘密はここに来ればわかります。

岩ガキのモロヘイヤソース。農家レストランのころから20年続く大人気のスペシャリテ。

若い料理人が独立を目指しているときに突き当たる壁は、新しい料理の開発です。

まだ誰も作ったことのない魅力あるひと皿が、新規開店には欠かせません。時にそれは店の看板メニューとなり、多くのお客さまを呼び込みます。

さかのぼること15年、自分の店を持ったばかりの若かりしころの私は自分だけの料理の開発に四苦八苦していました。

休みの日、ようやく自分だけの時間を使えるとなってもギリギリの生活ですから、良い肉や魚や野菜を買って家であれこれ試作品を作ってみるということもできません。

そこで考えたのは、食材を安く調達できる所に自分が足を運ぶということでした。

例えば魚の場合。

休みの日になると朝早く起きて、妻を伴ってブリの氷見港やマグロの大間港などの有名な港に出掛けます。休みくらいどこかに行きたいという妻を巻き込んでレジャーにしてしまうことで、夫婦げんかをまずは解消。

車でドライブして景色を眺めながら目的地の港に行き、海の水をなめて、停泊している船を観察。船の形からどんな漁法か、なぜその魚がブランドになったのかを探り、場合によっては近くにいる漁師さんに話を伺います。

港近くの食堂で地元の食べ方を知り、直売所で安くて新鮮で飛び切り上等の食材を手に入れ、買ったばかりの魚介で作る翌日のメニューを考えながら帰ってくる。

交通費は食材調達費として売り上げの利益から捻出すればよいので、一石三鳥も四鳥もする日帰り旅行です。

これはいつしか私のライフワークになり、今でも続けています。

若い料理人の方にはぜひ提案したい。料理人として早く一人前になりたいのならば、食材巡りを趣味にしてしまうことです。

**●港を訪れたら必ず海辺まで行くこと**

港巡りをするときには海辺まで足を運びましょう。私はそこで必ず海水をなめて、海の味を確かめることにしています。

鳥海山の裾にある吹浦漁港は絶品の岩ガキが育つことで知られています。

海辺に行ってみるとそこには不思議な光景が。砂浜に大きな水たまりが幾つも出来ていて、中から水が湧いています。

これは鳥海山の雪解け水が地下を通って海辺の砂浜で湧き出ているのです。

山のミネラルをたっぷり含んだ雪解け水が地下を通って、海に大量に流れ込んでいるとわかる。

海水をなめてみると案の定そんなに塩辛くありません。

こうした場所でとれる岩ガキは、身がふっくらしていて味に透明感があります。

吹浦のカキはなぜおいしいといわれるのか？　海を自分の目で確かめたからこそ得られる情報です。

近くの岩ガキの直売所に行くと、いつもの仕入れ値の半分ぐらいの金額で大きな岩ガキが売られています。

砂浜から湧き出る鳥海山の雪解け水。夏は海水温が下がるので、岩ガキはゆっくり育ち、味が緻密になります。

隣には調理台があり、すぐにむいて食べさせてくれたり、焼きガキにしてくれたりします。

ここでたらふくカキを食べるうちに、個体によって味が違うこともわかりました。

殻が大きくて平たいものと、げんこつみたいにごろんとしたもの、むいたときに透明感があって白いものと黄色みがかって黒い部分が濃いものでは味の深みや濃厚さ、苦みが違うと分析できます。

こうした発見も、安くたくさん食べられるからこそで、その後の魚屋さんでの目利きの訓練にもなります。

さらに直売所のお惣菜コーナーもリサーチ。売れ筋を見れば、その地域でどんな味が好まれているかもわかります。

そしてあらかじめ持ってきた予約帳を見ながら、岩ガキや魚をたくさん仕入れて帰路に就きます。

**●休みの日にワインを空ける**

一週間に一度の休みの日に私は必ずワインを一本空けることを習慣としていました。

ワインは1本がグラスに7杯分です。毎日一杯ずつ、一週間かけて味わいます。こうすることで体と心と頭にワインの味を刻み込んでいくのです。

もちろん忘れないように味を分析したメモも取ります。

仕事が終わった深夜に自分のための一杯のワインが待っているというのは、張り合いが出るものです。

この25年、新しいワインを飲んだら必ずといっていいほど記録を付けてきました。この積み重ねが自分の味の軸を作ります。

見かた

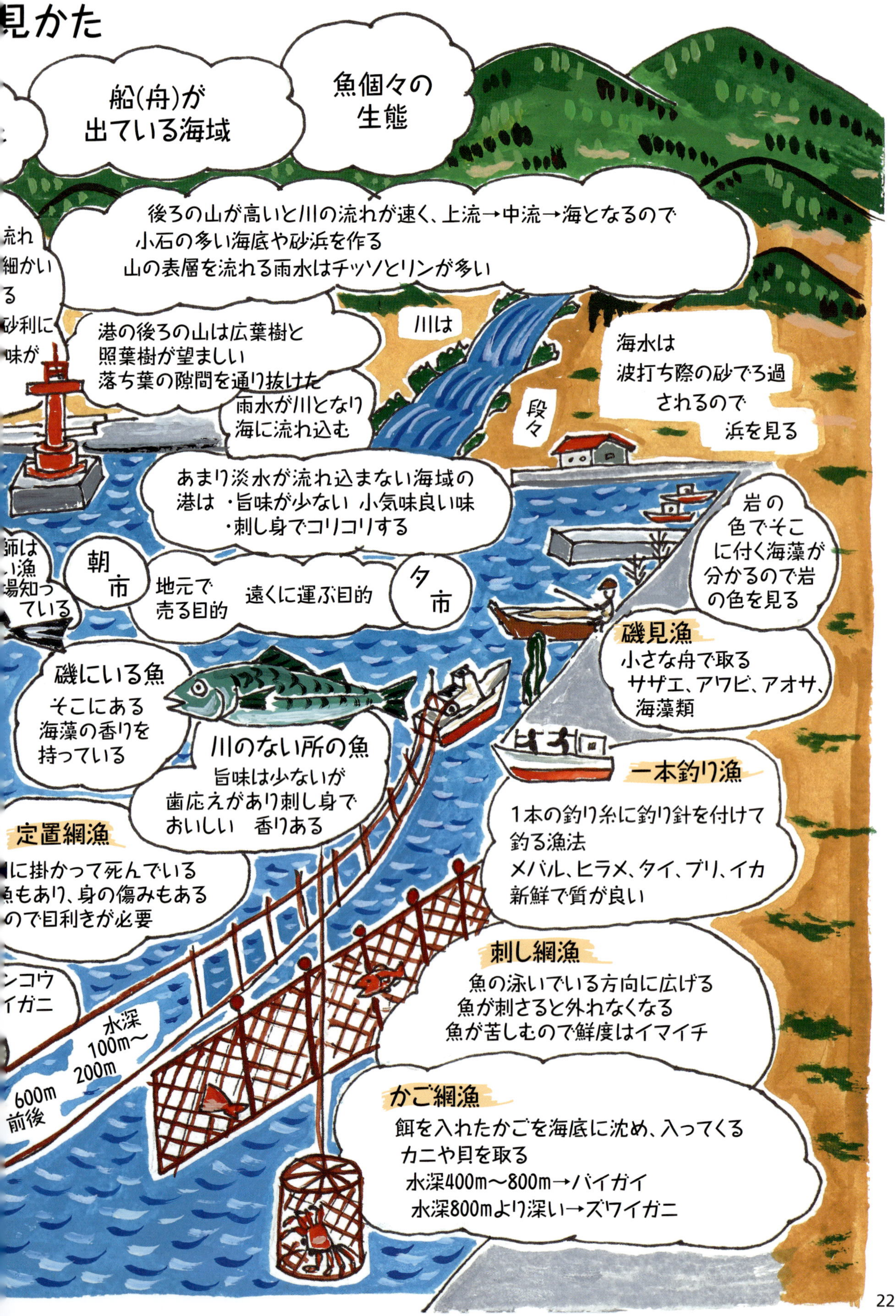

船(舟)が出ている海域
魚個々の生態
後ろの山が高いと川の流れが速く、上流→中流→海となるので
小石の多い海底や砂浜を作る
山の表層を流れる雨水はチッソとリンが多い
流れ
細かい
る
砂利に
味が
港の後ろの山は広葉樹と
照葉樹が望ましい
落ち葉の隙間を通り抜けた
雨水が川となり
海に流れ込む
川は
段々
海水は
波打ち際の砂でろ過
されるので
浜を見る
あまり淡水が流れ込まない海域の
港は ・旨味が少ない 小気味良い味
・刺し身でコリコリする
岩の
色でそこ
に付く海藻が
分かるので岩
の色を見る
師は
漁
場知っ
ている
朝市
地元で
売る目的
遠くに運ぶ目的
夕市
磯見漁
小さな舟で取る
サザエ、アワビ、アオサ、
海藻類
磯にいる魚
そこにある
海藻の香りを
持っている
川のない所の魚
旨味は少ないが
歯応えがあり刺し身で
おいしい　香りある
一本釣り漁
1本の釣り糸に釣り針を付けて
釣る漁法
メバル、ヒラメ、タイ、ブリ、イカ
新鮮で質が良い
定置網漁
に掛かって死んでいる
もあり、身の傷みもある
ので目利きが必要
刺し網漁
魚の泳いでいる方向に広げる
魚が刺さると外れなくなる
魚が苦しむので鮮度はイマイチ
ンコウ
イガニ
水深
100m〜
200m
600m
前後
かご網漁
餌を入れたかごを海底に沈め、入ってくる
カニや貝を取る
水深400m〜800m→バイガイ
水深800mより深い→ズワイガニ

港の
死んでから
お店までの
時間
旬
産地
新鮮さと
しめかた
漁のし
山と海
の距離が
短ければ
海中に湧
き水出る
潮の香りは
海藻の香り
海域
神経
じめ
大きな
込む海
砂や泥
小さい川
なる→底
変わる
魚の皮の香り
は住んでいる
海の香り
野じめ
活けじめ
海水氷じめ
海の色
魚の口の中は餌の香り
紫色
水温2.2℃
青い色
6℃
濃い緑
7℃
緑
11℃
明るい緑
12℃以上
水温によって
色が変わる
その色を見れば、
今どんな魚が来て
いるか予測できる
沿岸流
港に泊まっている船や舟で
その港に揚がる魚が遠洋漁業か
沿岸漁業かがわかる
浮きはえ縄
マダイ、メジマグロ、
サクラマス
底はえ縄
タイ、ノドグロ、タラ
はえ縄漁
一本一本に魚が掛かるので身
が傷まない　船によっては小ま
めに引き上げにくいので比較的
良い状態で水揚げされる
定置網より沖に仕掛けられるの
で船ごとに漁の場所を調べる
汽水域の魚
旨味はあるが水分多く
含むので焼くとおいしい
香り少ない
チッソ、リン
などによりプ
ランクトン増
える
サケ、マス、
イナダ、
ブリ
アジ
水深
27mより深
冬
寒
流
海底の
無機物
巻き上げ
られる
カレイ、ヒラメ、
底引き　甘えび、
巻き網漁
魚群探知機で
魚のいる所へ
その日に港に揚が
るので新鮮
水深100m～250m
底引き網漁
船が網を引きずり回し海底付
の魚介を取る　その日のうちに
港に揚がるので新鮮
海洋
深層水

◆情報発信の拠点をつくる

# 無い無い尽くしが道を開いてくれた

## 〜お金で買えない創意工夫

とにかくお金がない中でレストランを始めた私は、知恵と工夫と自分の頑張りしか頼るものがありませんでした。

朝7時に家を出て魚屋に行き、日中は農家を回って物々交換、昼前に店に入ってランチ営業、2時を過ぎたらまた農家を回って食材を集め夕方戻って夜の営業、終わったら深夜3時まで次の日の仕込み。そんな毎日でしたので、睡眠時間はいつも2〜3時間でした。

高いワインは在庫を持てませんでしたから、近くの酒屋で売っているワインをチェックしてそれをリストに載せました。お客さまからそのワインの注文が入ると裏口からスタッフに酒屋に買いに行かせる。ただし酒屋は夜8時半に閉まるので、「このページのワインのラストオーダーは8時まで」とメニューに書いておくわけです。でもワインリストを見たお客さまは、この店小さいながらもワインの在庫が充実しているな、と見てくれるわけです。

開店当初は経験者は高くて雇えず、パスタだけは作れるという若手と調理師学校を出たばかりの新人が主なスタッフでした。そうすると残念なことに、毎日のように思いも寄らない事件が起こるわけです。

水で冷やしたパスタの水分をタオルでよく絞ってと指示すると、雑巾を絞るみたいにぎゅーっと絞って「できました」と持ってくる。見るとパスタが全部ちぎれています。

がっかりしながら、よく絞ってと言った私が悪かった…と思っていると今度はなんだか焦げ臭い匂いが。「オーブン！」と言って開くと、私が前の夜から練って仕込んで今朝焼いたパンを温め直そうとスタッフが入れたまま忘れ、オーブンの中で真っ黒焦げの炭になっている。

気が遠くなって気絶しそうになるのですが、そんなときは修業時代に師匠から殴られたときのことを思い出し、「いまここで気を失ったらあの恐怖がやって来る」と自分に言い聞かせては正気に戻るのでした。毎日が事件の連続で、あまりのことに今までに3回ほど、現場で呼吸困難になりました。

そんなふうに予想だにしないことが突然起きる日々の連続で、一日の終わりはいつも放心状態。

新人スタッフの焦がす、煮過ぎるは日常茶飯事。でもばかやろうなんて怒る暇もなく、心の中でひょえ〜と思いながらそれをどうやってお金に換えられるものにリカバリーするか、頭にはそのことだけでした。

そうするうちに、面白いことが起き始めました。

あるとき熊肉のリゾットを作ろうとして日本酒を煮詰めておくようにと言ったら、またもや焦げています。

その日は代わりの材料も無く絶望的になる私の鼻に、バニラのようなよい香りが漂います。お？ と思って焦げた日本酒をなめてみると、何とも自然な香ばしい味がするではありませんか。「こ、これはいけるかも！」とそこに水を入れて米を炊いたのが、「熊肉の香味リゾット」です。

この料理をある有名出版社の方にお出ししたら「あら、おしょうゆ使った？」と聞かれました。

いいえと言って手の内を明かすと、「あなたよく思い付いたわね、天才だわ～」と褒められ、私は「◯◯君、あのとき失敗してくれてありがとう！」と心の中でつぶやいたのでした。

こんな例は枚挙にいとまがなく、アクシデントからの起死回生で生まれたスペシャリテは数知れず。

限界が見えても諦めずに挑戦してきたからこそ、誰も考え付かない料理が生まれてきたのです。

そんなこともあったのですが、黒板メニューでアラカルト１００種類はやめませんでした。食通の方がメニューを見たときに、焼く、蒸す、煮る、揚げる、ロースト、ムニエルと全ての調理法が書いてあると、「このシェフ、やるな」と思われるので、料理人の意地としてそれだけは何があっても貫きました。

とはいえそうしたメニューは注文が入れば作れるのは私しかいません。そこで思い付いたのが、厨房での全ての動作を部活動の動きに置き替える作戦です。

私は高校時代はバドミントン部でしたが、スポーツ競技は何度も同じ動きを練習してうまくなりますよね。訓練するうちに「この球がきたらこの動きで返す」と体が覚えて瞬時に動けるようになっていきます。これを厨房でやるわけです。

例えば、私は家庭用のオーブントースターを遠赤外線ロースターとして使っていますが、これに魚を入れて2分焼くとします。

まずはトースターの位置に移動するのに、定位置から左にサイドステップ2歩半と決めておきます。

魚に塩をふり、扉を開けて魚を入れ、扉を閉め、タイマーを回すという一連の動作を、腕の角度から伸ばす距離、取っ手をつかむときの手の形、タイマーを回すときの手首の回転角度まで、きっちり決まった動作で体に覚えさせるのです。

訓練するとこの一連の動きが5秒でできてしまいます。5分焼くときは手首をさらに30度回転、と体に覚えさせておくと、いちいち前屈みになってメモリを見ながら「ええと、5分だからここまで」などとやらなくて済みます。

つまり調理道具の位置や調味料の置き場所、食材のしまい場所など全て定位置を決め、見なくても手を伸ばせば必要なものを手にして次の動作に入れるようにしておくわけです。

仕事として受け身になるのではなく、勝つためのスポーツとしてイメージすると、若いころの運動神経が働いて面白いように動きが速くなりますよ。どうぞ皆さんも、有能なスタッフがいなくても自分の力だけで最高のパフォーマンスを実現できる、「部活動の動き作戦」を実践してみてください。

もう一つ、若いころの起死回生のホームランがあります。

私はスタッフの給料を捻出するために、毎日山に行って野草を摘んでいました。

地元の生産者で、生えているもの全てが食べられるという山を持っている方がいます。その山では野草、山菜、キノコ、木の実とさまざまな食材が調達でき、持ち主の進藤亨さんは私にだけ特別にこの山を無料解放してくださいました。おかげで私はこの山に本当に助けられました。

このころの私は、節約をしながらもお客さまに最高の満足を提供することしか頭にありませんでしたから、この山で0円で調達できる食材を軸に料理を考えたわけです。

例えばすごく酸っぱいカタバミが手に入ると、その朝仕入れた魚を頭に描いて「どの組み合わせが最高にうまい料理になるか」と考えるわけです。

マスが合うぞとなると、熱の通し方を考えて、カタバミの酸っぱさに最も合う「油で焼く」調理法でいこう、となるわけです。

今でこそ私の料理は「野菜を主役にした料理」などといわれますが、このとき体得した0円野草を軸に料理を編み出す考え方によるものです。

私の店に初めて取材にやって来たのは、グルメ雑誌でも料理の専門誌でもありません。一番私と縁の遠かったアウトドアの雑誌です。

「どうやら野山に生えている野草を使いこなす異色の料理人がいるらしい」と訪ねて来たのです。

そこで野草料理をいっぱい作ったら、「日本のハーブを使いこなす男」と紹介され、そこから料理関係の雑誌が次々と取材に訪れるようになったのです。

ですから、今まで見たこともない料理を出す天才がいると雑誌に書かれたりするわけですが、天才でもなんでもない。店を守るため、スタッフの生活を守るために必死でやっていたら、世の中にない料理が次々生まれただけなのです。

◆情報発信の拠点をつくる

# イタリアからの救世主

## ～料理人の本当の役割に気付く

2007年のある日、私の店に外国人のお客さまがやって来て「シェフお任せのフルコース」を注文しました。

食事が終わりに差しかかった時のことです。

大柄なその外国人の男性がいきなり厨房に入ってきて、イタリア語で何かまくしたて始めました。そうするうちに包丁をにぎり目の前にあった食材を切り始めたのです。あっけにとられて見ていると彼は言いました。

「素晴らしかった。お礼に自分のイタリア料理も食べてほしい」

そのイタリア人の名前はジョルジョ・チリオ。ピエモンテ州のカネッリという小さな田舎町で、農家民宿を営んでいる料理人でした。

「あなたは私と料理に対する考え方や生き方が同じだよ。料理を食べて分かった」

そう言われたその日から、私とジョルジョは大親友になりました。

ジョルジョは地元で、食材を生かした料理を追求する一方で、世界中を巡っておいしいものを食べ歩いています。日本は12回訪れていますが、そのうち8回も私の店に来てくれています。

そして食べた後には必ず厨房に来て、どの料理がどんなふうに良かったと、私やスタッフたちに話してくれます。

そんなジョルジョは、料理人としての私を大きく変えた人物でもあります。

ジョルジョの民宿「ルペストル」は、300年ほど前の集会所を改装した20人ほどが泊まれる宿で、ワイン農園の真ん中にあります。彼の料理と自家製ワインを求めて世界中から客が訪れ、美食の宿と呼ばれています。

ジョルジョに初めて出会った5カ月後、私はこの宿を訪ねました。

宿のレストランで食事をいただいているとき、ジョルジョは始めから終わりまでずっとテーブルの間を歩き回って、お客さまと話しています。

私は「料理人は厨房から出るものではない、お客さまの給仕はホール担当の仕事」と思っていましたので、このジョルジョの振る舞いに衝撃を受けました。

それまでの私は、料理人は無口が美徳と思っていましたので厨房から出たことがありませんでした。

一方のジョルジョは、各テーブルを回っては次々に出される料理の説明をとても楽しそうに話しています。

料理人は厨房から出てもいいんだ…。

私はそこで、自分の意固地になっていた気持ちがほぐれていくのを感じました。

話に耳を傾けると、その食材を作ったのはどんな人柄の生産者か、野菜なら畑は、魚なら釣れた海はどんな風景の所か、味や食感のどんなところが魅力なのか、とても丁寧に、時にユーモアを交えて語ります。喋《しゃべ》りっ放しといってもいいくらいです。

でもその話を聞いてお客さまは笑ったり、驚いて目を丸くしたり、さらに質問したりとますます身を乗り出してジョルジョとの会話を楽しんでいます。

この日から、私の中に新たな料理人像ができました。

その後も彼は、私が訪れるたびにミシュランの星付きレストランやお菓子屋さんを連れ回ってくれ、時には料理研修もさせてくれました。

私は料理学校も出ていませんし、外国での修業経験もありません。そのことがいつも気持ちのどこかにあり劣等感を抱いていました。

ですがジョルジョのおかげでイタリアの有名レストランの実態を知り、自分も決して負けてなどいないということがわかり、その劣等感は消えていきました。

そして自分の日本での料理人としての立ち位置が見え、田舎でも世界を相手にやっていける自信がついたのです。

唯一、人前で話すことが大の苦手だった私ですが、この日を境にそんな自分を少しずつ変えていく努力を始めました。

さっそく自分もお客さまに自ら料理を運び、生産者の話をハイテンションで話してみました。

この藤沢カブは、後藤さんという人がたった一人で山を切り開いて、真夏には大汗をかきながら枝切りをして山に火を放って焼いた畑でできたとっても珍しいカブで…。

しどろもどろになりながらも一生懸命知っていることを話しました。

するとお客さまとの間に、何か不思議な一体感が生まれることに気が付きました。

こちらが話すと、お客さまも「カリコリした食感が面白いわね」とか「そんな大変な苦労があるならまた来年も食べたいわ、ぜひ絶やさず作ってと伝えてください」などいろいろな話をしてくださいます。

私はそれを自分の熱が冷めないうちにとすぐに生産者に電話して、いま食べた方がこんなことを言ってくれました、とお伝えします。

そうすると生産者の方も喜んで、「明日連れておいでよ」と言ってくれる。次の日の仕入れにそのお客さまを連れて行くと、生産者の方も喜んでくださいます。

そんなことの積み重ねの中で生産者の表情がどんどん明るくなり、来年も頑張るぞとやる気を出してくれ、食材も年々おいしくなっていったのです。

ジョルジョの姿の真似をするうちに、私は料理人の本当の役目を知りました。

それは人と人をつなぐことです。

日々の営業の中で、生産者と消費者の双方の気持ちを、間に入ってそれぞれに伝える。

出会うはずのなかった作り手と食べ手が、庄内の田んぼのど真ん中の小さなレストランで一つになる瞬間を、料理人はつくることができるのだと知りました。

ジョルジョが私の店に来ると、いつも一緒に料理をします。料理人同士でお互いに自分の料理を披露し合うのもまた楽しいひとときです。二人でお互いの料理を食べ合いながら、最後にジョルジョが言いました。「シンプルでもおいしい料理ができるのは、生産者のおかげだ。みんなにありがとうと伝えておくれ」

◆在来作物 発掘物語

# 在来作物との出会い

## ～ふとした縁から道は開けた

私がまだ農家レストランに勤めていた時のことです。店に時々やって来るある男性がいました。その人はいつも男同士でやって来て、二人でうつむき加減でぼそぼそと話をしながら閉店までいるのです。

名前は江頭宏昌《ひろあき》さんといいます。私がアルケッチァーノを開店してからも、江頭さんは必ずいつもの男性と二人でやって来ては閉店までいました。でも親しくなるということもなく、また特に深い話をした覚えもありませんでした。

あるときふいに江頭さんから「どうしてこのお店を開いたのですか」と尋ねられました。

「庄内にしかない野菜をたくさんの人に知ってほしかったからです」

この時言葉を交わしたのが縁で、私と江頭さんの交流は突然深まることになります。

江頭さんは山形大学の先生で、だだちゃ豆の研究をしていました。だだちゃ豆は山形にしかない枝豆です。ここにしかない野菜というコンセプトから、江頭さんは、だだちゃ豆以外のほかの野菜の調査を始めたところでした。

そんな折江頭さんから電話が掛かってきて、「カラトリイモという在来種の芋の農家に畑を見せてもらうけれど、一緒に行きませんか」と誘われました。

訪れてそのカラトリイモを見せていただき、幾つかもらって帰って、ゆでて食べてみると普通の里芋と違って粘りがあって味も濃く、さらに生産者の人柄がしみじみと思い出されて何ともいえない味わいがします。

心に残る味とは、こういうことを言うんだな。

私は感慨にふけりました。

このことをきっかけに、私たち二人は在来種の野菜の発掘にのめり込んでいきます。

夢中になっていった理由には、こんな出来事があったからです。

レストランにランチを食べに来た江頭さんと「宝谷カブ」という幻のカブがあるらしいという話になりました。なんでも、もう作る人がいなくなってこの世に無いのだがすごく旨かったらしいということなのです。

悔しいねえ、食べてみたいねえ、二人でそう話して江頭さんが帰った後、知り合いが訪ねてきました。

「おう奥田さん、いつも世話になっているから漬物持ってきたよ、食ってみい」

そう言って手に持っていたのは、なんと宝谷カブの漬物でした。

私は開いた口がふさがらなくなるぐらいびっくりして、しばらく心臓がばくばくしていました。そしてすぐさま江頭さんに電話しました。

「え、江頭さん、宝谷カブが生き残ってました。そして信じられないことに向こうからやって来ちゃいました」

江頭さんも電話の向こうで仰天したのはいうまでもありません。

その後、漬物を持ってきてくださった方のつてで、たった一人で宝谷カブを作っているという畑山丑之助さんに江頭さんと二人で会いに行きました。

訪ねてみると宝谷カブはもう収穫がとうに終わり、畑はありませんでした。

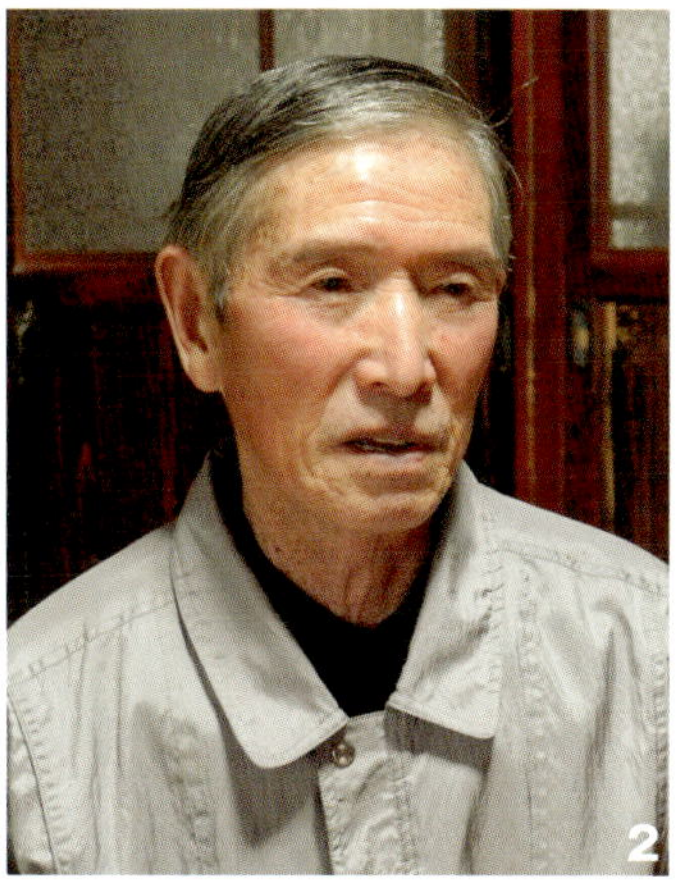

**1** 土手の急斜面に作られた宝谷カブの畑 **2** たった一人でこのカブを守ってきた畑山丑之助さん **3** 宝谷カブを最高においしく食べるにはと試行錯誤の末にたどり着いたのは「宝谷カブのピッツァ」。**4** 宝谷カブはいびつな形とひげ根が特徴。

聞くと宝谷地区という所で以前は数十軒の農家がそのカブを作っていたそうなのですが、ひげ根が多くて扱いが難しいカブで、出荷するのも大変だと一人やめ二人やめしていき、ついに畑山さん一人になってしまったそうなのです。

ですが畑山さんは、先祖代々伝えてきたものを自分の代で絶やすわけにいかないと、畑の端っこに自宅用と種を取る分だけ植えているということなのです。

宝谷カブは田んぼの脇などの急峻な土手で作るカブで、ものすごく労力が要るそうで、年を取って体がつらいので現在は平らな畑で作っているとも言っておられました。

「なくなったと思っていたものがあった」

私はこの時のうれしさをいまでも昨日のことのように思い出します。

宝谷カブの一連の出来事と同じころ、「勝福寺ニンジン」という在来種の長いニンジンがあるらしい、という話も聞きつけました。

江頭さんが農家に聞きにいくと、「うちではやめたけどあそこにあるよ」と教えてもらいました。

しかし、教えてもらった農家に聞くとまた同じことを言われます。こうして次々とたどっていったのですが、聞いても聞いても、「うちで作っているよ」という農家が現れません。

そして最後にわかったことは、皆つい数年前まで作っていたのに、もうやめてしまって種を持っている農家はいなくなっていた、という事実でした。

つまりタッチの差で、勝福寺ニンジンは庄内から無くなってしまったのです。

宝谷カブと勝福寺ニンジン。この二つの対照的な出来事から、私と江頭さんはいま急いで探さなければ失われてしまう危機的な種がその後ろにたくさん控えていることを知ることとなったのです。

次の年、宝谷カブの畑山さんは、宝谷カブ本来の植え方である田んぼの土手に種をまいてくださいました。

収穫を前にした畑を江頭さんと二人で見に行くと、畑山さんは土手に生い茂ったカブの葉を見渡しながら本当にうれしそうでした。

帰りの車で、カブの畑の光景と畑山さんの生き生きとした顔をしみじみと思い出しながら、これが江頭さんと私の使命かもしれないと思ったのです。

◆在来作物 発掘物語

# 在来作物を失いたくない思い

## ～父の背中に見た悲しさを胸に

勝福寺ニンジンが無くなったと知った時のショックはしばらく私の胸の中に鉛のようにつっかえていました。

それは単に興味を持った野菜にありつけなかった、ということではなく、私の胸に、失われたものは戻らないという悲しみが響いたからでした。

私の父は料理人で、山形県と新潟県の県境の国道でドライブインを経営していました。名前は「ドライブイン日本海」といいます。

客席から雄大な日本海が見渡せる眺めの良い広い店で、連日観光客を乗せたバスが何台も止まるような盛況ぶりでした。

しかしある時、知人の借金の肩代わりをする形になり、それはみるみる膨れ上がって最終的に父は自分の店を手放し家も失いました。全てを失うことの現実を悲しく思いながら私は、父と一緒に債権者に頭を下げに奔走しました。

その時の悲しさは絶えず私の胸の奥にひっそりと居続け、何かが失われるという場面には必ず頭をもたげるのでした。

庄内にしかない在来作物がなくなり始めている現実を目の当たりにする日々、私の胸はざわざわして収まりません。

「いま動きださないとほかにもなくなってしまう野菜があるのではないか」と思うと、居ても立ってもいられない気持ちになりました。

そんな中で話が舞い込んできたのが、鶴岡市の藤沢地区で細々と作られていた「藤沢カブ」です。すぐに江頭さんと共に畑を訪ねました。

カブの畑は山にあると聞いてその山を目指します。

しばらく林道を車で上った後、ここからは歩きだと言われて車を降りました。

あそこだよと言われたはるか先の山を見ると、人がいてそこから私たちの目の前まで長いロープが張られ、滑車がぶら下がっていました。

冒険物語の一場面のような光景に胸

をドキドキさせながら、山の急斜面をいったん谷まで下りて、その後ひたすらロープの先を目指して登ります。

杉林の間の、道ともいえないようなぬかるみを歩き、急斜面を登り切って顔を上げると、突然ぽっかりと視界に青い空が現れました。

目の前の斜面には、色鮮やかな緑の葉っぱが一面に広がり、所々に目の覚めるようなピンク色がチラチラと見えます。

よく見ると真っ黒に焦げた杉の切り株が、緑の葉の間から幾つも顔をのぞかせています。

すごい！　これは畑なんだろうか？　初めて見る美しい光景に圧倒されていると、

「これが藤沢カブです。はっはっはー」

豪快な笑い声が後ろからして、振り向くと生産者の後藤勝利さんがいました。

手に持ったカブは、青々とした葉の下に目にまぶしいほどのショッキングピンク、そして根の方は真っ白で、どれも「く」の字に曲がっています。

私はカブの味を早く知りたくて仕方ありません。後藤さんへのあいさつもそこそこに、手はカブへと伸びていました。

そしてひと口がぶり。

「パリンッ」

思いがけないほどすがすがしい食感です。

初めにやや硬い歯応えがあったものの、皮を食い破ると意外と簡単に砕け、みずみずしくほんのり甘く軟らかい食感、と同時に皮のあたりから辛みとも苦みともつかない嫌なエグみが出てきましたが、そのうち口の中でこん然一体となって、まさしく初めて出合う味。

おいしくない味からおいしい味に変わっていくカブ？？？

これが藤沢カブと私の出会いです。

話を聞くと、ものすごい労力を掛けてこのカブを作っているといいます。第一に採算度外視でなければならない。

春に山の木を切って、枝を払って幹を運び出し、夏には払った枝を細かくして斜面に広げ、一番暑いお盆のころに火を放って一日がかりで焼く。まだ土が熱いうちにカブの種をまく。収穫は初霜が降りた後の11月から。

こんなに手間暇かかるカブをよくぞここまでつないでくださった。

私はこの藤沢カブをたった一人で作り続けている後藤さんに敬意を表して、藤沢カブが主役になる料理を絶対に創ると心に決めたのでした。

# デコちゃんポコちゃんコンビで始めた宝探し

## 料理オタクの私と野菜オタクの江頭さん
## 童心に帰り夢中になって突き進んだ日々の舞台裏です

**対談**
山形大学教授・山形在来作物研究会 会長
**江頭宏昌**さん

**勝福寺ニンジン、探しても探しても無いんです**
**調べ始めたら絶滅したとわかった…**江頭

——（編集部）二人が在来作物を訪ね歩く活動を始めたころのことを教えてください。

**江頭**　僕は学生時代は安くておいしいレストランを探すのを得意とする「研究室のコンパ係」だったんです。昔から鼻が利くというか。奥田さんの料理はおいしいなと思って農家レストラン時代から時々食べに行っていました。でも初めは特に親しいわけじゃなかったですね。

　それが最初に誘ったのは僕からだったんですけど、38歳の時です。

**奥田**　その時僕は33歳でした。

**江頭**　カラトリイモを作っている坪池兵一さんという生産者の所に行くことになって、奥田さんは地元の野菜に興味があると聞いていたので、一緒に行きませんかと声を掛けました。もし僕がこの時一人でヒアリングしていたら、それだけで終わっていたかもしれない。

**奥田**　カラトリイモをもらって帰って、揚げたり煮たりして食べてみたら、甘くてほくほくしていて普通の里芋よりおいしかった。汁物や、粘度を生かした食べ方が合うのでグラタンにもしてみました。そのころはまだ未熟な料理人でしたから、既存の調理法に食材をあてはめることしかしていませんでした。

**江頭**　でもだいたい普通はみそ汁の具か煮っ転がしですよ。それがココナツミルクに合うとかポタージュはどうですかと奥田さんが言い出した。それを聞いた坪池さんが面白がっちゃってね。へえ～、へえ～って。

**奥田**　その数日後に宝谷カブが無くなったと聞いて、食べたかったと二人で悔しがりましたね。

**江頭**　そう。奥田さんの店で、ランチタイムのお客さんが帰った後、4時ぐらいまで話してました。

**奥田**　そしたら江頭さんが帰ってすぐに、宝谷カブの漬物を持って来た人がやって来て。

**江頭**　ははは、あれは奇跡的でしたよね。

**奥田**　すぐに江頭さん来てくださいと電話で呼んで、ディナータイムが終わってから二人で食べて、うおおおと。

**江頭**　あった～、みたいなね。

**奥田**　心の底から、大地の叫びみたいに〝おおお〟と、二人で叫びながら食べた。死んだ人が生き返ったみたいな、よく生き返ってくれた～と。

**「庄内小僧」**
在来作物を地域の人たちに二人で伝えたコミュニティー誌。国語は赤点の私でしたが、地域のためと思って原稿に挑戦したのでした。

**「一緒に参加した講演会」**
二人はいつも一緒に参加し、江頭さんが学術的な話、私が料理の話を交互にしてお客さんたちを飽きさせないように工夫しました。

**江頭**　だからもう、現地を訪問せずにはいられませんでした。

**奥田**　そう、江頭先生、これ宿命ですと。そうして宝谷カブの所に行っていろいろ聞いたのです。

　その後に、勝福寺ニンジンというのがあると言われていたのが…

**江頭**　探しても探しても無いんです。鶴岡市内の在来の長いニンジン、あるといわれていたけれど、調べ始めたら絶滅したということがわかった。

**奥田**　この二つの出来事が1カ月以内に起きたんですね。宝谷カブで歓喜して、こりゃいっぱい出てくるんじゃないかと勢い勇んで探したら無くて、二人で落胆。起伏の激しさが大きくて、江頭さん、これ今やらないと駄目ですよ、手遅れになりかねないと。

**江頭**　そうするうちに、奥田さんから在来作物をテーマに雑誌の連載を一緒にやろうと言われたんです。でも断ったんです。それも2回も。当時、大学の雰囲気としてコミュニティー雑誌に何か書くということは恥ずかしいことだったんです。学会誌ならともかく、一般紙に書くなんて遊んでいるだけと見られますから。

**奥田**　それでも諦めずに誘いました。そしたら重い腰を上げてくれた。それが「庄内小僧」という発行部数1万部ほどのコミュニティー誌です。そこに「奥田シェフ&江頭先生の在来野菜探訪記」というページが出来た。

**江頭**　連載を始めたころはまず、在来野菜という言葉すらまだ誰も知らなくて。庄内に無かった言葉でしたから、それを最初に一般の人に伝えたのが庄内小僧でした。

**奥田**　江頭さんが学術的なことを書いて、僕が料理作って、江頭さんが忙しかったら僕が前書きを書いて、江頭さんが訪問記書いて、と手分けしながらやりました。僕は文章なんて書ける人間ではなかったけれど、

江頭さん、これ今やらないと駄目ですよ
手遅れになりかねない…奥田

## 「生産者の会」

アルケッチァーノで恒例となった、生産者を招いて語りながら料理を食べる生産者のための会。江頭さんがその時々の季節の在来作物について解説します。

## 「二人の取材は全国に」

山形を飛び出して、活動範囲はいま全国に広がっています。地域に根差した作物の調査、在来野菜をテーマにした講演会、地産地消でどう料理を楽しむか、さまざまなテーマで全国を飛び回ります（写真は宮城県の気仙沼大島に在来のカブを調査に行った時、2014年3月）。

## 何かね、不思議と波長が合うんですよ<br>奥田さんとは…江頭

とにかく自分が言い出した責任もあり必死だったので書きました。あれで僕、頭良くなった（笑）。

**江頭** 庄内小僧の取材で農家の所に行って、奥田さんの得意技でその場で食べて、こうやったらおいしいですよとか言うと、農家の方、急にスイッチが入っちゃうんですよ。目が爛々《らんらん》としてきて、自分の野菜をそんなふうにおいしく食べることができるのだと聞いて、表情が変わって生き生きしてくる。

例えば、宝谷カブの畑山丑之助さんは、小さな畑で種を維持するだけの栽培をやっていたわけですけれど、僕らが訪ねた翌年、焼き畑を復活してくれたんです。残している意味を認められると、うれしくなるのだと思います。奥田さんもその野菜を使って新しい料理を作るから、それがまたうれしくて、食べた人もうれしくて、反響を聞いたら農家の人はさらにうれしくなるわけです。だから喜びの連鎖ですよね。

きれいな、昔ながらの宝谷カブが土手一面にざーっと出来ているのを満足げに眺める畑山さんを見ると、こちらも何ともいえない気持ちになって…。

**奥田** あの時は二人でこみ上げるものがありましたね。畑山さんの気持ちを感じて胸が熱くなりながらも、私も江頭さんもお互い見て見ぬふりみたいな。そういう、野菜が復活したときとか、藤沢カブを初めて見たときとか、だいたい二人で同じような気持ちになっているというか。わかるんです。

**江頭** 何かね、不思議と波長が合うんですよ、奥田さんとは。理屈で出会ったわけでもないし、理屈で付き合っていたわけでもないし、何かやっぱり面白いから、楽しいからなんですよね。

**奥田** 二人はね、笑い方も似ているんですよ。笑うリズムが同じ。江頭さんがはっはっは、僕がほっほっほとね、気が合うってそういうことだと思います。

――そこからどのように在来作物の認知度が上がっていったのですか？

**江頭** まずは連載を通じて少しずつ知る人が出てきた。「庄内小僧、読んでるよ」という人がだんだん身の周りに増えてきて、いままで経験したことのないうれしさがありましたね。だって、何か学会で発表したって研究者という限られた人たちに聞いてもらえるだけで、社会的な広がりはないですから。それが地元のコミュニティー雑誌では職種や年齢に関係なく1万人が読んでくれるわけです。

そうするうちに在来作物が庄内で少しずつ話題になり始めました。テレビで取り上げられたりして。2004年に庄内小僧の連載が終わったら、山形新聞から連載の依頼がありました。当時立ち上がったばかりの在来作物研究会に依頼が来たのですけれど、書く担当の割り振りとか、テーマ決めとかして足かけ5年携わりました。それに伴なってマスコミの取材も全国から大勢押し寄せるようになって、最後の方は死ぬかと思いました。

**奥田** 私はメディアの方から取材を依頼されたときには必ず、在来作物の料理を作ってその話をしました。生産者の所にも連れて行って、生産者にも話してもらった。みんな初めはまごまごしていましたが、回を重ねるごとにどんどん上手になっていって、私なんかよりはるかに話し上手になった生産者もいらっしゃいま

した。私も負けてられないと料理をがんばりました。

**江頭**　庄内小僧の時代に奥田さんはものすごく在来作物と格闘したんです。

それまでの料理はいうなれば普通のイタリア料理。それが在来野菜と格闘し始めてからは、料理に主張がなくなったんですよ。自分の殻を全部脱ぎ捨てて、素材を生かす料理にがらっと変わった。野菜の声を聞くって言っていましたよね。

**奥田**　だって江頭さんから、この野菜はこうやって加熱して何度になると辛味が出てくるんですと聞いたら、それまで唐辛子を使っていた辛味を「じゃあ温度だけで辛くしてみよう」とか発想が出てくるわけです。その話を聞いたら、唐辛子使うのがおこがましくて。その素材を冒瀆《ぼうとく》しているわけですから。

だから僕がよそでかっこいいこと言っていても、8割は江頭さんの受け売りです。

――なぜ二人の始めたことがブームになったと思いますか？

**江頭**　それがまあ、理屈を付けた文章はいろいろ書いてきたけれど、あらためて問われるとなんでだろう？　と思います。

**奥田**　江頭さんと一緒にいるとですね、幼なじみみたいな感じがするんです。

**江頭**　うん、そう！

**奥田**　普通に素直に、何の思惑もなく、二人が一緒に行動すると答えが出てくるんです。何ていうか「道はこっちだな」という感じ。

もくろみとか変なずるさがなくて、歴史の中で僕たちがここで何かするというような使命感でもなく、ここでこれやらなきゃいけないというのはあるんですけど、あえて語らずとも意気投合して物事が良い方向に行っちゃう。

**江頭**　ブームにしようなんていうのとは、全然違う感覚でした。強いて言えば庄内を元気にしたいというのが、後からかもしれないけれど、そういう気持ちは根底にはあったかもしれない。でもそれ以前に、出会った目の前の人に喜んでもらいたいというのがあったと思います。

知名度がない在来の作物には、まず値段が付けられないんです。誰も買ってくれる人がいないし、けどそれを守ってきた人がいるわけですね。家族に食べさせたいとか、近所の人が毎年もらうのを楽しみにしているとか。

宝谷カブの畑山さんが言ってました。先祖代々つないできたものを自分の代でなくしてしまうのは申し訳ないからって。そうやって黙々と良いものを作り続けてきた人に敬意を払う気持ちは常にありました。奥田さんにしても僕にしても、目の前の人に何とか喜んでもらえたらそれでいいと思ってやってきたので、それで地元のいろんな人が、だんだん幸せな気分を広げていってくれたならそれでいいと思っていました。

――何がそういう気持ちにさせたのでしょう？

**江頭**　うーん、求められたから…ですかねえ。

二人はね、笑うリズムが同じ
気が合うってそういうことだと思います…奥田

**奥田**　江頭さんも僕も寂しい人だったんです、もともと。で、それまでは人に必要とされていないような感じがあったので、何ていうかな、人から必要とされるのがうれしかったんです。

**江頭**　うん、それ、それはある。

**奥田**　僕なんかを必要としてくれるんですか？　と。で、自分たちの持っているもの、江頭さんは時間と体と自分の知識を、その人のためにいろいろなことを勉強してそれを捧げたんです。僕も例えばこの生産者が

作った野菜のフルコースを作るといったときに、僕の持っている今までに修業して習ってきた全能力をそこに注ぎ込んだ。というか勝手に体と気持ちが動いてやっちゃっていた。

**江頭**　そうですね。やれることを精いっぱいやった、という感じでした。

**奥田**　生産者の所に行った後、反省会とかも帰りの車でちゃんとしているんですよ。帰りながら、今日はどうでしたねと。雪菜の生産者に会いに行ったときも、吹雪でどうしようという状況だったけど、帰りの月山道路でやっぱり行ってよかったねと。

**江頭**　あの時はすごかったですね。約束した当日、上空にマイナス50度の大寒気団がやって来て猛吹雪、アルケッチァーノもドアも開けられないぐらい雪が積もって、それなのに二人で車で月山越えて行っちゃった。

**奥田**　まったくホワイトアウト状態でしたね。僕が運転して、助手席の江頭さんが窓開けて、外見て右、左、と雪で頭が真っ白になりながら叫んで。

## やれることを精いっぱいやったという感じでした…江頭

**江頭**　1回右って言ったら右に5センチハンドルを切るというルールを作って、「右、右」なら10センチ。だって横の雪の壁すら見えないんです。なんだか命からがらでしたね。

**奥田**　そう命懸けで行って。だから雪菜を見たときは、おおお、これがあの幻の雪菜だあ、と。

――なぜそこまでして行こうと思ったのですか？

**江頭**　生産者が呼んでくれたから。そうですよね、奥田さん。

**奥田**　ええ。雪菜は3回目に行ったときに雑誌の取材の方々をお連れしたんですけれど、強風でカメラのシャッターが切れなくなったんですよ。そして僕が冗談で、風よやめ！って言ったら、一瞬ぴたっと止まって、またピューッて吹いて。偶然ですよねって笑って、また風よやめ！って言ったらまたぴたっと止まって。

**江頭**　ははは、でも本当なんですよね。あれは不思議だったなあ。

**奥田**　そういう不思議なことの連続で、ああこれは本当に使命だなと。

――地元に在来作物はあるけれど、どうしていいかわからないという方にアドバイスをお願いします。

**江頭**　理系的なアプローチと文系的なアプローチと、両面からアプローチしないと在来作物の本当の価値は見えてこないというのが僕の持論です。

　まずはその野菜の特徴や取り得を徹底的に調べる。味は、地元の人は長年食べているから気付かないこともあるので、例えば奥田さんのように、客観的に評価できる人に料理したり食べたりしてもらうのは早道かもしれません。

　けれど、野菜に特徴がないことも多いんですよ。ないときどうするかというと、歴史的に面白いストーリーを探る。

　例えば花作《はなつくり》大根というのが山形にあるんですけど、生で食べても硬いし、煮れば苦いし、けれど江戸時代に来た殿さまがたくあん漬けを食べたときに、あまりにも歯触りがぱりぱりしておいしいからこれは大事にしなさいと言ったと、そういうお殿

## デコちゃんポコちゃんの関係、二人がくっつくと最強になる…奥田

さまの言いつけをずっと守ってきたという美談があります。

あと土地の力。この道路を挟んで隣で作ると、全然風味が出ないんだけど、ここで作ると不思議に色とか味や香りが出るから、ここでずっと作っているとか、そういう風土との関連とか、気候とか土質、水、地理的な条件からも調べる必要があるし、それから、そういうふうにいろいろな観点から調べたことをテキスト化するということが大事。

それを上手に料理という形で表現してくれるのが料理人だし、あとね、ナントカ野菜があるならば、「ナントカ野菜を食べてみよう会」をやると好きな人たちが集まってくるから、そういう人たちが現場を見て自分なりのオリジナル料理を、知恵を出し合って作るというのもいい。

いろいろな業種の人、いろいろな人が集まると、みんな得意なものが一つぐらいあると思うんですよ。写真が得意な人は野菜をきれいに魅力的に撮るとか、文章書くのが得意な人は記録するとか、映画撮る人がいれば映画になるし。企画を考えるのが好きな人は、そういう野菜を煮たり食べたりするイベントを企画するというのもいいし、行政だってその野菜があるということを市民に知らせるPR活動ができるかもしれない。

それぞれが自分の役割を持ち寄る。ここには自分がやりたいという人たちが集う空気があったのが大きかったです。

**奥田**　初めは旗振り役を買って出ていましたが、イニシアチブを取れる人がいっぱい出てきたので、いまはそういう方々に活躍の場をどんどん広げてもらう補佐役に回っています。

――これからも二人のコンビは続いていくのでしょうね。

**江頭**　そうですね、まあ、めったに出会えない人だなと思いますよね。

**奥田**　結構途中でみんな変わっていっちゃうから、最初は同じ目的でもね。運なんですよね、探して出会えるもんでもないしなあ。

――何だか夫婦よりも強い絆という感じですね。男同士って普通はどこかライバルだと思いますが。

**江頭**　そう、奥田さんがもし研究者だったら僕、ライバル意識持つな。

**奥田**　あはは。

**江頭**　協力してと言われても、いや、今忙しいとか言って。でももう、完全に役割分担がはっきりしているから、安心して協力関係が築けるというのはありますね。僕が大学クビになって料理人になるとか言ったら奥田さんがギラッと。

**奥田**　ははは。ちゃんとすみ分けていますよ。僕はデコちゃんポコちゃんの関係って呼んでいます。お互いの無いところをお互いが持っていて、二人がくっつくと最強になる。

僕は江頭さんがいたから料理界の人たちからいろいろ言われても毅然《きぜん》としていられたんです。だからたった一人の人との出会いが自分を強くしてくれるということがある。それぐらい出会いって大切なことなんです。

まあ、どっちの葬式でどっちが泣くかってことですよ。

**江頭**　ねー、それありますよねえ。

●**江頭宏昌（えがしら ひろあき）**　北九州市生まれ。京都大学大学院農学研究科修了。農学博士。専門は植物遺伝資源学。座右の銘は「ケセラセラ」（尊師、故川喜田二郎先生が好んだ言葉）。趣味は読書。油絵画家、中川一政氏の絵画や随筆が好きで、真鶴にある美術館に出掛けることも。特技はそば打ちとおいしいチャイを入れること。

◆地方再生への道

# 全員参加で取り組んだ「食の都庄内」

## ～ビジネスではなく友達として

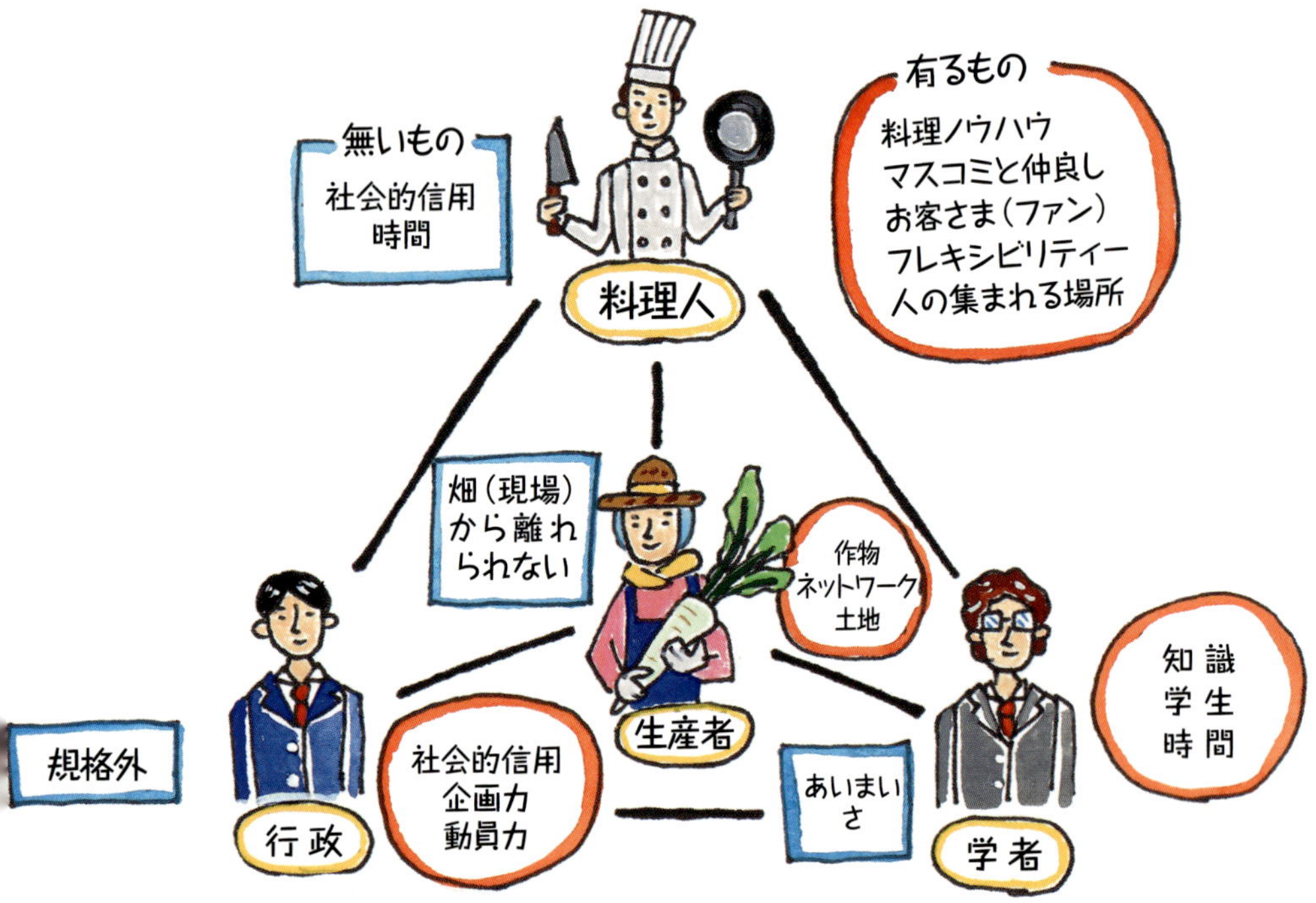


「食の都庄内」という言葉は、私のレストランでお客さまとの会話の中で自然発生的に生まれた言葉でした。この言葉は庄内人の誇りになる。

そう確信した私は、在来作物の探索や店の営業を切り盛りしながら、ことあるごとにこの言葉を口にすることにしました。そして在来作物をはじめ、地域の特産品や優れた加工品を使って料理教室を開いたり、地域のミニコミ紙に原稿を書いたりしました。

初めは孤軍奮闘していた私でしたが、自分ができないことや手が回らないことは、それが得意な人にお願いして一緒に実行することで結果がより大きくなることを知り、極力そうするようにしました。

例えば私の料理に雑誌やテレビの取材の依頼が来たときは、自分が料理を作るだけでは全て伝え切ることができないと言い、「食材のことはこの野菜を作った○○さんに話してもらうので一緒に聞きに行きましょう」と、生産者の所に行政の方や大学の先生を伴って行きました。

魚の詳しい生態を聞かれたら水産試験場の研究員、地質のことを聞かれたら農業改良普及センター、野菜や果物は大学の先生、在来作物のことは江頭さん。

そうするうちに仲間の輪が広がっていきました。

時には行政の求めも引き受けました。

地方の食材の生き残りは巨大消費地である首都圏の需要にかかっています。あるとき販売ルートをどうすれば開拓できるかと山形県の産業経済企画課の方から相談を受けました。

ならば二人で東京に食材を売り込みに行こうと相談し、深夜バスに乗って朝早い新宿に降り立ち、足が棒になるまで一日中レストランを歩き回ったこともあります。帰る前には必ず話題のレストランで食事をして今何が流行なのかをリサーチし、行政の方にはレストランでのスマートな食事のしかたを教える。そしてその日のうちにまた深夜バスで庄内へと帰ります。

また、「食の都庄内」の立ち上げには庄内総合支庁の皆さんと一緒に頭をひねりながら、どうすれば限られた予算で最大の効果が得られるかを考えました。

効果が高かったのは「段ボール作戦」でした。

東京でレストランの営業回りをした際に、さりげなく店の席数と厨房の冷蔵庫の大きさをチェックします。そして、後ほど食材を山形から送りますと言って、その冷蔵庫に丸ごと入る大きさの段ボール箱で送るのです。

ステーキが売りの店ならば、牛や羊の肉のほかに、付け合わせに合う野菜をその段ボールに一緒に入れて1週間に2回送ります。量も3日分を賄える数を割り出して詰め込みます。

そうすると、レストランがたとえ忙しい最中に荷物を受け取ったとしても、届いた箱をそのまま冷蔵庫に入れられるので、「山形から届く食材は使いやすいし量もちょうどいい」となります。

箱が大き過ぎると、厨房が超多忙な時に届いたりすればそのまま床に置かれ、厄介者扱いされるのが関の山です。

また、営業で回るエリアも、一つの区に集中しないように気を付けました。例えば、「丸山さんの羊をお出ししているのは、いま港区でここだけです」といったようなキャッチーな言葉をお店の方にも使ってもらえるようにしたのです。

そのようにして戦略的にサンプルを送り続けたところ、レストランの方々が、料理雑誌の取材時に庄内の食材を使ってくれて、カラー写真でその料理がでかでかと誌面を飾るようになっていきました。写真を見るとあの一緒に送った野菜も付け合わせに使ってくださっていたり、「○○はこの辺りではうちでしかお出ししていません」とコメントしてくださったり。

祈る気持ちでみんなで送ったダンボール作戦は大成功でした。

それから言葉の周知徹底にも一生懸命取り組みました。当時は行政では宣伝に予算を立てていませんでしたから、私はテレビ局の人に「庄内の食という番組を作ってください」とお願いしました。

一方で行政側は私を「食の都庄内親善大使」に任命してくださいました。

行政の肩書きが出来ると、料理人は公人に準じる役割を得たことになりますので、地域の活動がしやすくなります。

これはとてもありがたかったです。私も地域のために力を発揮できると張り切って地元での講演や料理講習会など手弁当で精力的に取り組みました。

こうなってくると、料理人の域も超えて庄内、仙台、東京と東奔西走です。

ＪＲの方には庄内の食材マップを作ってくださいとお願いしたら、素晴らしい折り畳み地図を作ってくれて大人気となりました。

さらに食事をしながら旅する電車の旅を企画しましょうと言ったら、その話が発端となって「うまさぎっしり庄内号」と看板を付けたＳＬを走らせてくれました。

すごい列車が今度走るそうだと事前に地元で話題になり、当日は庄内の大勢の人たちが道ばたや田んぼの脇から走るＳＬに手を振って歓迎の気持ちを表し、ＪＲの方もお客さまたちも大喜びの大盛況のイベントになりました。

まだまだたくさんありますが、とにかく何か事を起こすときには、自分がまず精いっぱい動いて、いろいろな人たちも巻き込んで一緒に楽しむ、ということを目指しました。

その中で私が自分に課してきたことは、「普通ならこれぐらいだろう」というみんなの期待を超えて、「ここまではいくらなんでもしないだろう」という予測も超えて、最大限自分のできることを手を尽くしてすることです。

そしてみんながそれぞれの役割を担ってはつらつと楽しんでいる姿を想像しながら取り組みました。

食をテーマとした町おこしを考えるときに大切なのは、生産者を支える枠組みです。生産者は生産現場から離れることが難しいということを念頭に、民間と行政、専門家がそれぞれの立場から生産者のために役に立つものを持ち寄る。そうすることで生産者のみなさんには、作ることに専念していただけます。

私は物事の最初の車輪が回るまでをエイヤーと頑張る。「私もやりたい」という人が出てきたらその方にお任せする。もし助けてとなったら命懸けで助けに行く。

そのときの感じは、人間社会の決まりには縛られていません。人と接する時もビジネスパートナーではなく友達としてお付き合いしています。

そういう気持ちの中で出来ていった形が、人の心に強く残るものになります。

# 行政と一蓮《いちれん》托生《たくしょう》で取り組んだ「食の都庄内」づくり

**いつも私の背中を押してくださった元山形県副知事の高橋さん**
**型を破った双方の助け合いが庄内を変えていきました**

**対談**
元庄内総合支庁長・元山形県副知事
モンテディオ山形 代表取締役社長
**高橋 節さん**

**行政が活動を後押ししてくれたおかげで**
**私の話に耳を傾けてくださるように…奥田**

——（編集部）高橋さんは山形県の庄内総合支庁長として赴任されて奥田シェフと出会われたそうですね。

**高橋**　はい。私は山形県でも内陸の生まれなので、赴任してみて庄内は内陸とは文化や気質にずいぶん違いがあるなと思いました。その前は県の農林生産部長をしていましたから在来作物のことは知っていて、これから光を当てるべきとは思っていたのです。

　庄内に来て奥田さんと出会い、在来作物を地域活性の起爆剤にしたいと考えていることを知り、自分もちょうど同じことを考え始めたところでしたので具体的に一辺につながりました。

　ちょうど「食の都庄内」という一つの国のようなものを造る構想に行政も加わり始めたところでした。

——奥田さんには食の都庄内親善大使としてどんなことを期待していましたか。

**高橋**　まずはシンボル的な存在になっていただいて、行政として活動をバックアップしていく方針を打ち立てました。

　よく言うじゃないですか、地元の人は毎日食べているものなんか、よその人に自慢できるものじゃないと思い込んでいる。庄内はお米をはじめいろいろな素材がいっぱいあるんだけれども、これまで外に対して強く訴えたことがなかった。

　庄内はおいしいものがある所だという情報を発信する役割を担っていただきました。

**奥田**　高橋さんが庄内にいらした時

**「食の都庄内親善大使」**
初めて任命されたのは2004年。当時の村上正敏支庁長に地元の食材を説明しているところを地元メディアの皆さんが取材してくださいました。

**「親善大使が先導役」**
その後3人に増えた大使で、食材のPR活動を本格的に始めました。畑に立って食材をPRする様子は、その日の夕方のニュースと次の日の朝刊に必ず載りました。

はちょうど江頭さん（32ページ）と在来作物発掘に夢中になっていたころで、親善大使の役目もいただき、食の都庄内という言葉を一生懸命広めようとしていた時でした。

当時まだ私も若かったですし思い立ったらすぐ行動せずにはいられない性格でしたので、変わったことをしていると変な目で見られていました。人の畑に入り込んでいく料理人なんて当時いませんでしたから。

庄内は食材がすごい所だと私は1994年から言い続けてきたのですが、それまでは言っても言っても誰も信じてくれなかった。

でも親善大使に任命していただいて行政の方々が活動を後押ししてくださったおかげで、遠巻きに見ていた人たちが私の話に耳を傾けてくださるようになりました。

**高橋**　初めのころの任命式では毎年奥田さんが、在来作物だとか月山筍だとか、魚も庄内浜でとれたマトウダイとか、私も見たことのないような食材をいっぱい持って来てくれたんですよね。

**食の都庄内親善大使は一地方の肩書でしたが**
**結果的に庄内は食の都と呼ばれた…高橋**

**奥田**　当時は今ほど大きな式典ではありませんでしたから、自分で食材をかき集めて持って行きました。任命の日には地元のマスコミが取材に来ると聞いていましたから。それまで、庄内で食材を披露するなんていうことはなかったんです。だから食材に光を当てるチャンスだと思って。こちらの狙い通り写真を撮ってくれました。

**高橋**　食の都庄内親善大使という肩書は、全国の協会で認証されているような肩書ではない、一地方の肩書でしたけれども、奥田さんの行動にそれがついて歩いて、結果的に庄内は食の都と呼ばれるようになりました。庄内をどういうように活性するかということを地域の人にお知らせする起点になったと思います。

**奥田**　地元の人の認識が変わってくれたのが一番うれしかったです。自分たちは食文化の豊かな所に暮らしているんだという誇りが持てたこと。そうするうちに、庄内空港の愛称が「おいしい庄内空港」になった時は感慨深いものがありました。ついにここまで来た、外の人も認めてくれるようになったんだと。空港で看板を見た時には、しばらく立ち尽くしていました。

――取り組みを共にすることで何か変化はありましたか？

**高橋**　奥田さんと出会って、私は認識が変わりました。初めは外に対して打って出ることしか考えていませんでした。地域外に向けてどのようにPRするか、どのように販路拡大をしようかと。でもその時既に、奥田さんは外から庄内に来てもらうことを考えていたのですね。

私たち古い人間は、お客さんに来てもらうとなると観光資源を考えるわけです。出羽三山があり日本海があるけれども、名所旧跡というものはそんなに繰り返し訪れるものじゃない。

そういう中で、奥田さんは食を観光にしようと言い出したわけです。例えば食材をどうやって収穫するか、どういう所に自生しているものをとるか、お客さんたちが自分でそれを体験して、プロが料理にして、物語を付けて、それを食べていただくと。これがいままでの観光地とは全然関係なかったけれども一つの新

**「JRが作成してくれた食材マップ・ハラクチーナ」**

ハラクチーナは庄内弁でお腹いっぱいという意味。今では小学校の図書館にも貼られています。

ⓒ JR東日本新潟支社
絵 つちだよしはる

**「食の都庄内親善大使委嘱状交付式＆交流会」**

2015年は大きなホテルで開催され、4人の大使が交付を受けました。会場には新開発の地元食材の加工品が持ち寄られ、庄内地方2市3町の取り組みが紹介されました。

たな観光資源になった。

出羽三山はもう見たよという人でも、庄内の食材を食べに何度もリピートして来てくれるようになりました。

**奥田**　私は親善大使になってから、動きやすさががらりと変わりました。初めは個人的にツアーをしていたんです。食のジャーナリストが来る、有名な料理人が来る、そのたびにその人を私の車に乗せて生産者の所を何カ所も回っていました。

それがいろいろな行政のイベントが関わりを持つようになって、ついに行政主催の「食ツーリズム」というツアーになりました。行政がバスを用意してくれたので、今まで運転手だったのがバスガイドに変身です。

同時に旅行業者もそれをモデルに旅行商品を開発し、庄内の楽しみ方の一つのモデルが出来上がりました。私がいなくても、私がしたいと思っていることがあちこちで行われるようになったのです。

**高橋**　庄内総合支庁はそれまでは県庁の出先機関で、本庁で考えたことを実施する役割みたいな形でしたけれど、支庁ごとにここで考えてここで実施するという方針に切り替わっていきました。地方の特色に合った行政の新しい取り組みの形が出来ていったと思います。

——その後食の都庄内はどのようにして浸透していったのでしょう。

**高橋**　親善大使を軸にしていろいろな場面でプロモーションしました。大使は初めは奥田さん1人でしたが、その後3人、4人と増えてきています。

庄内で食関連のイベントがあると必ず皆さんの前に立っていただき、食のことを話したり料理を提供したりしてもらいました。

## 行政主導だとメディアも取り上げやすい 行政の威力をあらためて感じました…奥田

**奥田**　生産者の所に大使総出で行って、マスコミの方も大勢呼んで、大使みんなで並んでカメラの前に立ちました。そうするとその日の夕方のトップニュースになったり、次の日の山形新聞にカラー写真が大きく載ったりするんです。見出しには「食の都庄内」の文字が大きく書かれる。行政主導だとメディアも取り上げやすいんですね。行政の威力をあらためて感じました。

**高橋**　とにかく地元の人へのアピールを意識しました。

さまざま取り組んでみてわかったのは、外に向けてここに良いものがありますと情報を発信したいときには、自分たちの地域に良いものがあるんだと、まずは地域に暮らす人たち自身が認識することが重要だということです。

いくら行政がイベントを仕掛けて、東京や大阪や仙台に出掛けて行って、これは素晴らしいんだと言っても駄目なんです。なぜだか伝わらない。

ここに住み、ここで食べている人がおいしいんだと言うことで初めて外の人の心に響くのです。ですから、親善大使の皆さんと初めに一生懸命に取り組んだのは、地元に向けての啓蒙活動でした。

**奥田**　その役目を聞いて、私は人前で話す練習をしました。メディアの方々にまずきちんと理解していただく必要がありましたし、テレビカメラはいつでも回っています。常に何をメッセージとして発言するかを考えていました。

**高橋**　親善大使の活動で「食の都庄内」の認知度が高まるにつれ、山形県としてもこの取り組みは良いとなり、県としても関わるという形が出来始めました。そうして食で地方を活性しようという取り組みが山形県全体に広がっていきました。

**奥田**　私としては、初めはたったひとりぼっちでしたから、県の職員の方に声を掛けて、そのうち支庁長さんも一緒に取り組んでくださって。高橋さんが副知事になってからは、県全体の取り組みの中でも私を助けてくださって、そうするうちに県知事とも一緒に活動するようになって。巻き込んだつもりが知らないうちに巻き込まれていて、大きなうねりになっていったという感じです。

**高橋**　とにかく方向性は一緒でしたから常に一緒に取り組んできました。ひと言で言うと「食農観光」です。食と農が結び付いた観光、という新しい概念が出来ました。そして定着した。山形県の一地方としてのアイデンティティーがこうして出来たわけです。

——高橋さんが副知事を退任されてモンテディオ山形の社長になった今でもお付き合いが続いているそうですね。

**奥田**　私が店が大忙しになって鬱《うつ》状態に陥ったことがあったのですが、その時に私を支えてくれたのが高橋さんだったのです。だからいまそのご恩返しをしています。

**高橋**　モンテディオ山形オリジナルシャーベットを奥田さんに無償で作ってもらいました。

　あのころはＪ２で順位も６位とか８位とか中盤にいて、試合でお客さんがあまり入らなかった。見込んでいた入場料収入に足りない分をどうしようかと考え、寄付金と山形の特産品を抱き合わせで販売する「うまいものプロジェクト」を始めたのです。初めは農産物でやっていて、加工品の開発費までは手掛けられなかった。そこで奥田さんに相談したら無償で引き受けてくれたのです。そしてケーキとシャーベットが出来上がったらあっという間に売れました。

**奥田**　そしたらどんどん勝ち進んでＪ１昇格を果たしたんです。

**高橋**　もちろん選手が頑張ったというのもありますが、奥田さんや買ってくださった一般の方々の力をいただいた結果のＪ１だと思います。

**奥田**　私は勝手に、私と高橋さんとのコンビ再結成が、食の都庄内ムーブメントを巻き起こした時と同じように、モンテディオでも奇跡を起こしたんじゃないかと思っています（笑）。

――地方で地域活性に取り組んでいる方々へ、行政にいらした経験からアドバイスをお願いします。

**高橋**　役所というのは規制でがんじがらめなんです。ですから今まで通りの考え方でいたら、絶対に新しいことは始まりません。否定的な要因ばかり出てきますから。

　そうじゃなくて、地域をどうやったら元気づけられるのかという視点から考えたときに、「やりたいと言っていることに対する規制をいかに私たちが取り外すか」という発想に立って初めて、共に同じ方向に向かって歩めるのだと思います。

　国もそうですが地方行政も縦割りで、地域の人が相談に来るとそこでほとんどがたらい回しに遭うんですね。

　これからの時代ではそうならないために受け入れの窓口をちゃんと置いて、何をしたいのかをきちんと受け止めて、その考えを実現するために各部署に協力を要請する。

　受けた部署も、こういう決まり事に抵触するけれども取り扱いを緩めようとか、緩和してでもやりましょうと発想を切り替える。そういうことが重なっていくと、それに呼応して物事は変わっていきます。

　それともう一つは、恐らくどこの地域もこの地域をどういうふうにして元気にしていったらいいのかという種を探していると思うんですよね。

　そこによそのアイデアを持って来てコピーしようとしても絶対無理だと思うんです。お金を掛ければ最初はできるかもしれないけれど、息長く続けるためにはもともとそこにあるものをちゃんと探し出すことです。

　庄内がそうでしたが、庄内をよそ者の目で見ることが見出すコツです。そこに住んでいる人は、今あるものに対して何も思わないんですね。私は同じ山形でも山を隔てた内陸だからこそ庄内の輝いているものが見えた。

**奥田**　私も庄内を一度出て、東京で修業して全国から集まる食材を見たからこそ、庄内の食材がピカイチだということを知りました。

**高橋**　そうです。よそ者の目で見て輝いているものを見つけて、それを地元のみんなが理解して、庄内を食の都にしようと総力戦でやった。ですから食の都庄内をつくったのは地元のみんななのです。行政はその力を受け止めて流れにするお手伝いをしたということです。

規制をいかに取り外すかという発想に立って初めて
共に同じ方向に向かって歩める…高橋

●**高橋節（たかはし　たかし）**
山形県庁職員を経て山形県副知事に就任。その後モンテディオ山形代表取締役社長となる。趣味はスポーツ観戦と山歩き。好きな言葉は誠心誠意。

◆地方再生への道

# レストランと生産者で一緒に食材を育てる

「食の都庄内」を掲げ、在来作物を使ったオリジナルの料理を次々と開発していた私ですが、時代は海外の新しい食材に目が向いていました。

流通の技術も格段に発達していたので海外の新鮮な野菜が日本で手に入り、料理界では日本の野菜は力強さがないから魅力がないといわれていたのです。

フランス料理にはフランスの野菜、イタリア料理にはイタリアの野菜が最もおしゃれといわれ、ベルギーやタスマニアの野菜がもてはやされていました。

そんな時代に庄内の独特な味の野菜を使っていた私は、なぜそんな味の良くない野菜をおまえは使うのか、と言われました。

私はそれを受けて、「それなら庄内の野菜を世界レベルまでおいしくしよう」と考えました。

「平田の赤ネギ」という在来野菜があります。このネギは、生では舌がビリビリするほど辛くて、火を通すと普通のネギよりも甘くなります。

ですがその当時はまだ、細くて味が荒削りでワイルドなネギでした。種は農家ごとに自家採種していたので、家ごとに味が違って1本1本にも味にばらつきがありました。

このやんちゃなネギの味を高めたいと考え、生産者の後藤博さんに、「赤ネギの特徴である赤い色がはっきりしているもの、太く一本で育つもの、外側の皮が硬くないもの、の条件を満たす種をえりすぐって次の年にまいてください」とお願いしました。

併せて当時の料理界で大人気だった西洋の一本ネギのポワローも食べてもらい、どんなものを目指しているのかを味からもわかってもらいました。

後藤さんはこのお願いに熱心に、そして根気よく取り組んで応えてくださいました。

その年から毎年、太いネギを探し出し、種を取り、次の年も、その次の年も同じことを繰り返し、3年目に赤ネギは味が良くなり太さも増し、世界基準に劣らぬ作物になりました。

一方では、行政の方と大学の先生が一緒になって、土の改良研究や、赤ネギのパンフレット作成をしてくださったりしました。

それと連動して、私は赤ネギブームを仕掛けました。

レストランでは11月から翌年2月の間はフルコースに必ず赤ネギメニューを入れました。そしてこの期間に取材の方がいらっしゃると必ず赤ネギの料理を紹介します。今では冬の看板メニューとなった「赤ネギとハタハタ」です。

この料理は、当時のハタハタ復活ブームと重なってお出しすると評判になり、雑誌に載ったりテレビで紹介されたりしました。この時も私は必ず生産者の所にメディアの方を連れて行きました。料理とともに後藤さんの取り組みもまた、多くの人に知られることとなりました。

こうした流れの中で、一緒にネギを売り込みに東京へも行きました。

松屋銀座の地下の食品売り場に置いていただけることになった時には、みんなで「メジャーデビューだ！」と喜び合いました。

そこでの販売が始まるとたちまち評判になり売り切れが続出。するとこの赤ネギをきっかけに、売り場に赤ネギを中心とした「庄内野菜コーナー」が出来ました。

そしてほどなく、都内の高級野菜店や大阪の百貨店からも赤ネギの引き合いが出始めます。

地元では全く注目されてこなかった平田の赤ネギでしたが、ここまで来ると今度は「銀座でもごひいきの優れたネギ」という評判が地元で広がります。

それまで見向きもされなかった地元のスーパーからも引き合いが出始めました。

評判が次の取引を生む、という繰り返しの中で、6年たつころには、生産量が3倍になり、後藤さんの息子さんが、それまで勤めていた会社を退職し、お父さんの跡を継ぐことを決めました。

「みんなから求められるような、こ

んな赤ネギを作ろう」

畑の片隅にあった細い赤ネギはこうしてブランドネギになりました。

レストランと生産者と地域のみんなが気持ちを一つにして、お互いできることを精一杯がんばりながら、同じ目標を掲げて取り組んだうれしい結果です。

目にも鮮やかな平田赤ネギは、平田赤ネギ部会元会長の後藤博さんを中心に改良され特許庁の地域団体商標制度を活用しブランド化に成功しました。

## 生産物は誰に向けて作るかで味と形が変わる

| 消費者 | 料理店 | 市場・流通 | 小売・百貨店 | 加工品 |
|---|---|---|---|---|
| **県内の人**<br>ファンを作る食材<br>**県外の人**<br>そこに行かないと食べられないもの | 味<br>希少性<br>オンリーワンの食材 | 絶対量<br>大きさ・形 | オンリーワンの食材<br>ある程度の量<br>衛生管理 | 形はふぞろいでよい<br>加工しやすい大きさ<br>物語性のある食材 |

# 地方の小さなワイナリーが一流ワイナリーへ進化した

## 庄内の一人の青年の決意が地域のシンボルをつくりました
## 山形の若手ワイナリーはいま熱いのです

対談
庄内たがわ農業協同組合
月山ワイン山ぶどう研究所
**阿部豊和**さん

――（編集部）奥田さんとの出会いを教えてください。

**阿部**　東京農大の醸造学科を卒業しまして数年間は清酒メーカーに勤めていたのですがそこを辞め、やはりお酒造りがしたかったので今の会社に入りました。

入社したてのころ、まだワインを造り始める前でしたが、アルケッチァーノに幼なじみが勤めていたので

**どうしても理想のワインに挑戦したかった。きっと将来の財産になると思っていたので。…阿部**

奥田さんを紹介してもらって、軽い気持ちで会いに行きました。ごあいさつに会社のワインを持っていったら、「こういうのはよろしくない」ってそこではっきり言われまして。

**奥田**　甘かったんです。当時はワインはお土産というイメージが強くて甘いワインが主流でした。

月山ワインは庄内にたった一つだけのワイナリーなので、私は期待を寄せていたのです。そこで、私は、食事と一緒に楽しめる味にしてくださいとお願いしたこともありました。でも路線変更はそう簡単なことではなかったのでしょうね。

そんな経緯があったところに、私の店のスタッフが、彼はこれからワインを造るんですってと言って阿部さんを連れて来た。もうこれは千載一遇のチャンスだと思って、飲もうぜと私の家に招きました。

**阿部**　初対面の私を、いろいろ飲ませてやるからと家に誘ってくださって、料理を作ってもらって、ワインを飲ませてもらったんです。ワインとは料理と合わせるものだということをその時初めて知りました。マリアージュなんていう言葉が聞き慣れない時でしたから。

**奥田**　あの時は自分も若かったので、すごく熱かった。庄内を食の都にするぞというのがあって、食の都のためには食に合うワインが不可欠だったのです。

だから、阿部さんならきっとやってくれるんじゃないかと思って、特別な時のためにとっておいたわが家の高いワインを何本か開けて、料理

**月山ワイン山ぶどう研究所**
**「ソレイユ・ルバン　甲州シュールリー」**

国産ワインコンクール（2015年から「日本ワインコンクール」に改称）では、甲州辛口部門で銅賞を過去3回、銀賞を過去2回受賞。2014年には金賞を受賞しました。もう一つの国内のワインの大会であるジャパンワインチャレンジでも最高で銀賞を受賞しています。

**「勉強会」**

アルケッチァーノでの勉強会に始まり、専門家を招いての講習会を開くなどして日々研さんを重ねている。地元の結束が互いを高め合っています。

も作って、一緒に飲みました。うめ～、うめ～、と言いながら。

**阿部**　あの時は確か…夜中の三時ぐらいまで飲みましたね。

**奥田**　普段なかなか飲めないワインばかりだからもうおいしくて盛り上がって。最後には二人とも相当酔っぱらって、私は「絶対こんな味にしてね」と阿部さんの手を握って目を見詰めて言って、阿部さんも白目がもう真っ赤になりながら「わ、わかりました！　やります！」と。

――そこからどうやってワイン造りを始めたのですか？

**阿部**　奥田さんが料理とそれに合わせたワインを出してくれて、料理に合うワインという考えが私の中で生まれました。当時の国産ワインはレストランに置いてもらうということがほとんどなかったので、ワインはワインだけで飲むものでした。

　そして日本酒なら世界に誇れる日本オリジナルのものですけれど、ワインとなると世界中で造られている醸造酒ですので、その中で日本らしいワインとは何だろうと意識し始めるようになりました。

　その後、酒類総合研究所という所で半年間の研修を受けたのですが、その時に出会った山梨の「甲州」という品種のブドウに感銘を受けまして。というのも実は庄内にも櫛引という地区に甲州があったのです。それも江戸時代中ごろからずっと生産が続いていて、これは日本北限地の甲州ブドウなのです。それを使ってワインを造ってみたいと思いました。

　でもその当時、私の会社では甲州は甘口かまたはほかの白ブドウとブレンドしていたので、単一で辛口というものが商品としてはなかった。帰ってきて1年目は何もできなくて、2年目の2005年になって、取りあえず1本やらせてくださいと会社にお願いして、甲州500ℓを自分で試験醸造しました。

**私は絶対こんな味にしてね、と阿部さんの手を握って目を見詰めて言って…**奥田

――会社からは何か言われませんでしたか？

**阿部**　反対を受けました。まだ駆け出しの人間ですから、上司からもそれは無理だよと言われたんですが、でもやっぱりその中でどうしても理想のワインに挑戦したかったんです。きっと将来の財産になると思っていたので。

　周りは誰も期待していなかったので、これで良いものが出来るという考えは誰にもない。ただやりたいというのであれば、やった方がいい、とだけ言ってくれました。それはうれしかったです。でもこれでもうけようとは誰も思っていませんでしたね。

　甲州は普通に造ると味わいが出ない、スッテンテンのブドウなので、それまでは甲州はおいしくないといわれていました。そこで自分なりに造り方を考えて、シュールリーという製法を誰もうちの会社で知っている人がいなかったので、調べたり県

**「ヴァンダジェ」**

フランス語と山形弁を組み合わせた「ワインだぜ」という意味。ワイナリーの仲間の手作りイベントから始まりました。

**●阿部豊和**（あべ　とよかず）

東京農業大学で醸造学を学び、卒業後清酒メーカーに勤務。退職後月山ワインに就職。現在ワイン醸造家としてワイン造りに携わる。趣味は獅子踊り（伝統芸能に携わる事）。

外の人に聞いたりして模索しました。

——どんなご苦労がありましたか？

**阿部**　まず初めに、道具がありませんでした。ブドウをつぶすプレス機も骨董品みたいな機械しかなかったので、それをどうにか使いながらブドウを搾り、温度管理する機械もなかったので自分でホースに穴開けて水道につなげて水をちょろちょろたらしたり、扇風機当てて冷やしたりして、夜中まで一人で温度管理をしました。

たぶん会社の方が困ったと思います。何でこんなことやるのか意味がわからないと言われましたから。

**奥田**　そのころの阿部さん、会社の中で肩身が狭かったのではないかな。遊びに行っても壁際にいた感じでした。

**阿部**　ところがそのワインで、全国のコンクールでいきなり銅賞をいただいたのです。この入賞をきっかけに社内の雰囲気が一気に変わって、私の存在も認知してもらえるようになりました。

**奥田**　あの時は私もびっくりしました。え？　そんなすぐ結果出るの～？　って。

**阿部**　たまたまです。ブドウが良かったので。それから甲州を全て辛口ワインへと切り替えました。

山形の甲州ブドウというのは、基本的に山梨とは少し違います。気候が違うから当然なのですが、酸がすごくきれいなんです。余韻としてすごく伸びる。山梨の甲州は酸が足りなくなるのです。暖かい土地なので糖度が上がると酸が抜けていく。でも鶴岡の甲州は補酸しなくてもしっかりした酸が残るので。

**一人で取り組んでいた時に思い浮かんだのは、奥田さんの在来作物を大事にしている姿でした。…阿部**

白ワインは、酸は重要なファクターになってきますので、糖度を上げてもこれだけ酸がしっかりしているブドウはほかにはそうありません。

私は寒冷地を思わせる造りをずっとイメージして今も造っているので、山梨の甲州はすごくふくよかでしっかりしたワインが出来るのですけれど、うちはそこはしないで、トップの香りと、中程度のボディーを付けて、あと余韻をきれいにするというのが、私のイメージしている造りです。

**奥田**　その判断が大正解だったんですよ。阿部さん、その甲州で毎年銅賞とか銀賞とか取り続けて、去年ついに金賞に輝いた。日本の中で甲州の本場の山梨を抜いて金賞取るってもう、相当すごいことですよ。

**阿部**　1年に1回開かれている国産ワインコンクールでは、部門分けがありまして、甲州は辛口と中甘の二つの部門があります。

辛口部門は山梨がほとんど毎年金賞を取っていましたから、山梨県産以外の甲州ブドウで金賞を取ったのはうちが初めてで。

ですから去年金賞をいただいた時にはすごかったです、反響が。

**奥田**　そうそう、日本のトップ7本に選ばれたものだから、あっという間に売り切れちゃって、注文したらもう無いと。ひどい！　うちに入れてくれよ～と。

金賞取ってくれてうれしかったんだけどなんか複雑な気分で、簡単に言うと僕の阿部さんからみんなの阿部さんになっちゃう寂しさっていうか。そこで売り切れって、何でなんだようって言いながらも、まあいいか、良かった良かった！　みたいな。

**阿部**　なので、今日持ってきました。試作品です。

**奥田**　お！　早速開けましょう。素直に良かったですよ。庄内の誇りになっていくわけですから、そういうのはうれしいことです。おめでとうございました。乾杯！

**阿部**　乾杯！　ありがとうございます。

一人で取り組んでいた時に思い浮かんだのは、奥田さんの在来作物を大事にしている姿でした。

甲州ブドウはその時もうほとんど需要がなくなっていたので、やめるという農家も多かったですし、会社の方でもやめる方向に向かっていました。

　でも江戸時代からの歴史がある。そこでやっぱり、このブドウを残したいと思って、そうなると私にできることといったらワインを造ることしかなかったので。

　ワインというのは地のものであるので、地のものを使ってやるという奥田さんのやり方はすごく参考になりました。県外から良いブドウを買うこともできたんですけど、今は全て断っています。

　基本的にワインって農産物だと思うので、いかにその個性を残しながら表現するかが勝負です。ちゃんとその作物としての個性を考えながら造っていくというのが大事だと思っています。

――山形はいま、若手のワイナリーが活気づいているという印象ですね。

**阿部**　そうなんです。阿部さんがブレークし始めたちょうどその時、山形県の若手が勢いに乗ってきたころだったんですよね。朝日町ワインも今年金賞二つ取っている。酒井ワイナリーも質が急上昇しています。

**阿部**　県内にワイナリーは12社ありますが、２００９年に奥田さんの店に全員が集まって勉強会をしました。そこから大きな流れが始まったと思います。

　それまでも組合というものはあったんですけれど、交流自体はそんなになかった。アルケッチァーノに集まりだしてから一緒に勉強し始めて、いまもずっと続けています。

　その最初の集まりで、各社が1本ずつ持ってきたワインに合わせて奥田さんに料理を作ってもらいました。

　その翌年には銀座のヤマガタサンダンデロで同じことをやりました。そうした積み重ねの中でわれわれも、料理とワインの相性の素晴らしさというのがわかったので、今度は多くのお客さんに知ってもらおうということで、サンダンデロでお客さんを招いて「ヴァンダジェ」という山形ワインのイベントをやりました。

　手探りでしたが自分たちでチケット販売、補助金の申請、ボランティアを募っての運営まで全部行いました。

　回を重ねるごとに盛況さが増して、だんだん地元の企業も協力してくれるようになって、結果として東京でイベントを3回、その後今年の5月についに山形最大の「ヴァンダジェ、じもとダジェ」という祭典を開催できるまでになりました。

**奥田**　勉強会ではみんなの志の高さを感じました。お互いを意識しながら、それぞれが自分のところのワインに磨きをかけているのがわかりました。

　ヴァンダジェもみんなが集まるごとにお互いの士気が高まってだんだん育っていって、大きなイベントにまで発展したのです。この催しが飛躍的に山形の若手の方のワインをぐんと伸ばしていったと思います。

　山形でのヴァンダジェはすごいビッグイベントになって私も驚きました。お客さんたちもよく飲むからワインの行列が半端じゃない。私の店も料理で出店しましたが、行列が途切れずてんてこ舞いでした。後で報道発表を見たら５５００人来たそうですよ。

**阿部**　地元山形での開催は、自分たちのワインや地域の食材の良さをあらためて知ってもらえて、本当にうれしく思いました。地元の多くの人が受け入れてくれたということなので、非常に感慨深いものがありました。

**奥田**　山形にはタケダワイナリーというみんなのボス的なワイナリーがあって、そこのもう亡くなられた武

勉強会で志の高さを感じました。お互いを意識しながら
それぞれが自分のワインに磨きをかけている。…奥田

**結束を高めて自分たちの農業を守ってきた歴史がこの土地にはある。…奥田**

田重信さんが山形のワイナリーの礎を築いたんです。そのスピリッツをいま若手が受け継いで山形全体が盛り上がってきているので、そういうことを思うと本当に感慨深くて。心からうれしく思います。

――阿部さんは、今後は何を目指していきますか？

**阿部**　奥田さんとちょっと似ているかもしれませんけど、産地というものをしっかり形成していきたいなと思います。庄内は広くてその中に、朝日、櫛引、酒田の袖浦という所にまとまったブドウ産地があります。その土地土地の個性というものを出せるワインを造っていきたいです。

今ある品種だけじゃなくて、新しい品種も植えています。これまでの10年は甲州で産地を作ろうという試みでした。今やっていることは10年、20年先を見据えた仕事です。欧州系のブドウを増やしていて、白はピノグリ、ゲヴュルツトラミネール、ソーヴィニヨンブラン、赤は、カベルネソーヴィニヨン、メルロー、ピノノワール、この6品種を植え始めています。それをその土地に合うブドウにしていく。

こればかりは時間の掛かる仕事ですので、いままでの甲州も大事にしながら、次のステップに入っているところです。

いま農家が高齢化して、実際やめている方も多いですし、70歳以上の方が7割を超えているので、そういう方に新しいものをやってもらうための、これはこういうワインになるんだよと、例えばそれは、私が奥田さんに教えてもらったことのように、先のことを見て、このブドウでワインを造るとこういうことになるからと丁寧に説明します。

当然私一人ではできないので会社の上司も含めまして、農家さんにお願いしています。うちは協同組合ですので堅くて動きにくい組織といわれていますけど、逆にいうと農家と一番距離が近いところにいて、お金だけではないつながりがある。

企業としてやるべきことは、農家を守ること、それがワイン造りにつながっていくし、そうすることによって山形の庄内、鶴岡のものが、もっと良いものになって、自慢の産地だといえるようになればと思っています。

そしてぜひ海外に出て農家たちと一緒に評価されたいなと思います。最初に奥田さんに飲ませてもらった時に世界という土俵を感じました。そこを目指したいです。

もしかしたら私の代ではできないかもしれないですけれど、たぶん私にできるのはそれを実現するための基礎づくりでしょうね。

私の前の上司もそういうふうに、もともとブドウの産地でもなかった朝日地区にブドウを根付かせて、私はそれを次のステップで、ワインというもので産地を確立した。

それを私が次の段階へと高める。そうしてつないでいくものだと思います。いま植え始めたブドウを持って、未来の醸造家たちにはもっと広いところに出てもらえればなと思います。

――地方の小さなワイナリーが評価されるものになっていくに当たり、大切なことは何でしょう？

**阿部**　人だと思います。ワインには「テロワール」という言葉があります、土地が良いブドウを作るという考え方ですが、私はそこに人が入ってくるのだと思う。そこに人がいて、初めて風土が出来るので。

ワイン造りは当然一人ではできませんので、そういう意味ではスタッフというのも育てながら、そうすることによって、奥田さんがよくいう、産地が元気になるという姿を私たちの会社も目指したいです。うちはまだまだ先ですけど、そういうものを少しずつつくっていきたいなと思います。

**テロワールとは人。人がいて初めて風土が出来る。産地が元気になる姿を私たちの会社も目指したい。…阿部**

**1・2** 2015年5月に初めて地元山形市で開催された「ヴァンダジェ 2015 in　じもとダジェ」。11時の開始時間から1時間もたたないうちにこの行列。来場者数は5500人に。**3** 吉村美栄子山形県知事も参加。県を挙げて取り組みを応援。**4** 山形のワイナリーのボス的存在、タケダワイナリーの岸平典子さん。若かりし私も当時度々叱られ、育ててもらいました。**5** ラジオの生放送もタイアップ。実況放送を聞いたお客さんたちが続々やって来ます。こうした多面的な盛り上げ方は大切。**6** お客さんもノリよく「乾杯」の掛け声に応じてくれます。会場は一体感に包まれ大盛況でした。

――人がテロワールになるとすると、庄内のテロワールはどんなものですか？

**阿部**　この辺の人はみんな優しいです、本当に。例えばこういうものをつくりたいといい出せば、話も聞いてくれるし、無理なこともあるけれどもお願いすると何とかしようとしてくれて。

そういう思い合う気持ちがある風土だと思います。そうでなければ甲州もこんなにずっと続いてこなかっただろうなと。実際庄内の甲州は絶滅しかけた時がありました。大正のころかな。その時農家の方たちが自分たちで組合を作って、そこからまた盛り返してきて今の産地が残っているというのがこの月山ワインですから。

そんな昔からの流れを振り返ると、人とのつながりというのが産地をつくってきたのだと思います。そういう志を持った人間がいれば、地方というのはすごく良くなっていくのだと思うのです。

**奥田**　私も生産者の方々とお付き合いしていてそれを感じます。庄内のあちらこちらの地域に篤農家と呼ばれる人たちがいて、結束を高めて自分たちの農業を守ってきた歴史がこの土地にはある。私もそうした方々の思いを料理を通して伝えていきたいなと、阿部さんのお話しを聞きながらあらためて思いました。

**阿部**　料理って正直私、全然わからないんですけど、奥田さんがすごかったのはやると決めたことを変えなかったんですよね。食の都庄内をつくるということを。

そういう方ってなかなかいないですし、そういう人って最初変なふうに見られたり、人からはじかれたりするんですけど、今こういうふうに、奥田さんみたいに、庄内背負ってという人が一人いたことがいろいろつながってきたんだと思います。

私はまだまだですね。でもそうしたいって思います。私だけじゃなくて、山形のワイナリーの人間も、みんなそういうふうに思い始めています。

ワインのイベントもみんな一緒にやって、それは他の県にはないことなので、山形だからできることだろうと。そういう意味では何かしらちょっとずつは10年前とは違ってきているんじゃないかなと。今振り返ればですけれど、そう思います。

# 食習慣を食文化に変える

この15年間で私が取り組んできたことはひと言で言うと、食習慣に物語を付けて食文化にしていくことでした。

それは日常の何げない、だけどぬくもりのある暮らしのひとコマを、文字通り言葉（文）に置き換え（化）ていく作業でした。

みんなで集まって食材のことを話したり、専門家の講演を聞いたり、時には議論もしましたがいつも笑顔であふれていました。

私たちのご先祖さまが連綿と受け継いできた日々の暮らしの知恵や工夫を、地域の人たちが集まってみんなで確かめ合う。

この積み重ねの中で庄内は、食の都と呼ばれるようになりました。

そうするうちに、地元の空港は「おいしい庄内空港」という愛称になり、鶴岡市はユネスコの創造都市ネットワーク・食文化部門に認定されたのです。

次のステップは世界と手を取り合うこと。食文化は宗教や言葉の壁を越えて自然と人をつなげる、平和の礎です。

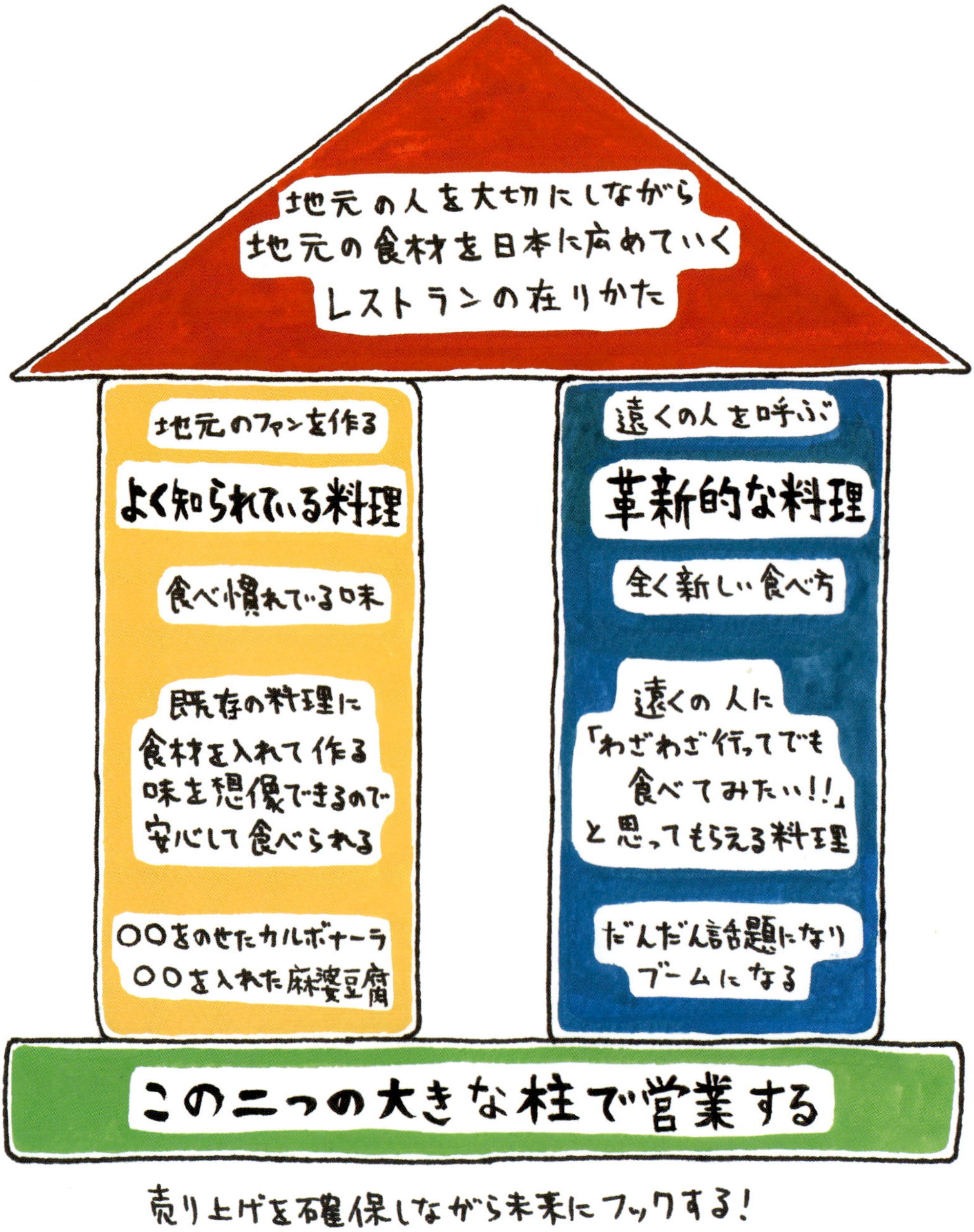

地元の人を大切にしながら
地元の食材を日本に広めていく
レストランの在りかた
地元のファンを作る
よく知られている料理
食べ慣れてる味
既存の料理に
食材を入れて作る
味を想像できるので
安心して食べられる
○○をのせたカルボナーラ
○○を入れた麻婆豆腐
遠くの人を呼ぶ
革新的な料理
全く新しい食べ方
遠くの人に
「わざわざ行ってでも
食べてみたい!!」
と思ってもらえる料理
だんだん話題になり
ブームになる
この二つの大きな柱で営業する
売り上げを確保しながら未来にフックする！

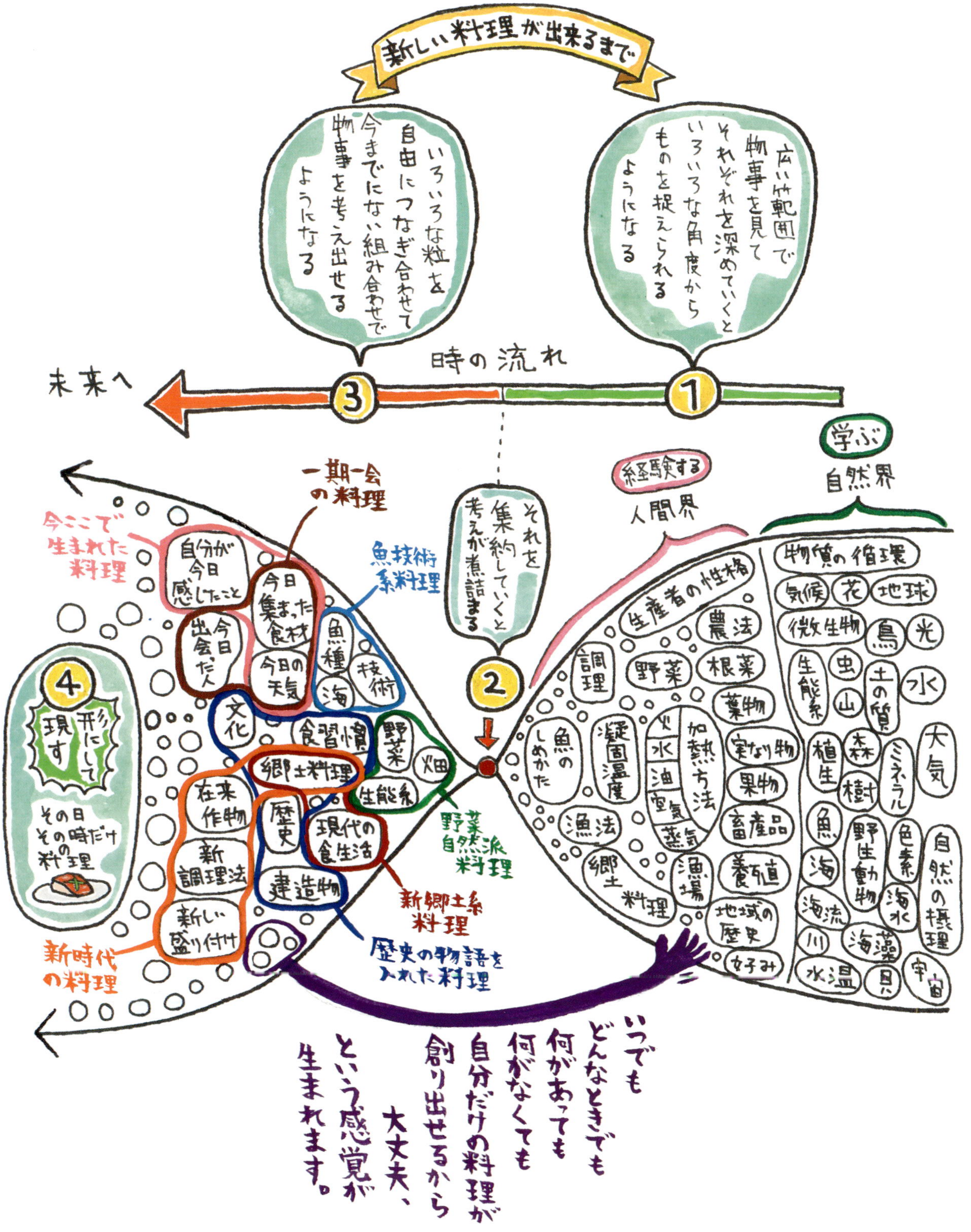
新しい料理が出来るまで
広い範囲で
物事を見て
それぞれを深めていくと
いろいろな角度から
ものを捉えられる
ようになる
いろいろな粒を
自由につなぎ合わせて
今までにない組み合わせで
物事を考え出せる
ようになる
時の流れ
未来へ
3
1
それを
集約していくと
考えが煮詰まる
2
学ぶ
自然界
経験する
人間界
物質の循環
気候
花
地球
微生物
鳥
光
生態系
虫
山
土の質
水
大気
植生
森
樹
ミネラル
魚
海
野生動物
色素
自然の摂理
海流
海水
海藻
川
水温
貝
宇宙
生産者の性格
農法
調理
野菜
根菜
葉物
魚のしめかた
凝固温度
火
水
油
空気
蒸気
加熱方法
実なり物
果物
畜産品
漁法
郷土料理
漁場
養殖
地域の歴史
好み
今ここで生まれた料理
自分が今日感じたこと
一期一会の料理
今日集まった食材
今日出会った人
今日の天気
魚技術系料理
魚種
技術
海
文化
食習慣
野菜
畑
生態系
郷土料理
在来作物
歴史
現代の食生活
新調理法
建造物
新しい盛り付け
野菜自然派料理
新郷土系料理
歴史の物語を入れた料理
新時代の料理
4
形にして現す
その日その時だけの料理
いつでも
どんなときでも
何があっても
何がなくても
自分だけの料理が
創り出せるから
大丈夫、
という感覚が
生まれます。

# 第2章
# 自然界を料理に表すためのレシピ

食材と向き合う
それは自然の営みを観る目を
心の中に持つこと

地球の摂理を知り
地域の風土を知る
水、土、風、そして日の光
命の源が見えてくる

食材を育んだ自然を敬い
心血を注いできた生産者の
思いを受け止めて
そうして料理に取り掛かると
食材たちはどんなふうに扱って
ほしいかを伝えてくれる

私はその声を聴いて
食材のしてほしいことをする

新たな命を吹き込まれた料理は
食べた人の口の中で喋りだす

# 植物の見かた

私は、地球上を自然界と人間界に分けて考えています。

地球が生まれて自然の摂理の中で築かれてきた世界が自然界、人間が自分たちの都合に合わせてつくった社会が人間界です。

私はいま経営者ですから、人間界のルールの中で生活しています。

ですが、ある時から料理を自然界の摂理の中で考えるようになりました。

それにはこんなきっかけがありました。

料理人としてまだ未熟だったころの私の料理は、今のように食材から考え出したものではありませんでした。恐らく今でも多くの人がそうであるように、イタリア料理のレシピに食材を当てはめて作っていました。

そんなある日、私が師と仰ぐハーブ生産者の山澤清さんがランチを食べに来ることになりました。

私は張り切って、旬の飛び切りおいしいサクランボを調達し、その日のデザートにサクランボをアーモンドクリームで包んで焼いたタルトをお出ししました。ちょうど良い焼き色に仕上がった自信作です。

しかし山澤さんは、ひと口だけ食べて、あとは残して帰ってしまいました。

帰り際にはこう言われました。

「果物の気持ちになっていないな」

私はそれがどんな意味なのかわかりませんでした。

ランチタイムが終わってすぐにサクランボ畑に行きました。その畑ではいつも、農家の方の許しを得て自分で収穫しています。

いつもなら、実の大きさや色を見て良さそうなものを口に放り込み、味を確かめ、甘い実を見つけるとその木の実を幾つかとります。私はそれがサクランボの品定めのしかたと思っていました。

そもそもサクランボに気持ちなんてあるのだろうか。

そう思いながらぐるぐると木の周りを歩いてみますが、いっこうにわかりません。

答えを導き出せない私は、木の幹に背を預けて座り込んでしまいました。

あーあ、と思いながらサクランボを見上げたそのとき、思わず「あっ」と声が出たのです。

私の見上げた視界には、それまで外側から見ていたサクランボの木とは、全く違う生き物がいたのです。

目に映ったのは、少しでも遠くに届けと手を伸ばすかのように、四方八方に広げた枝。

背中に感じるのはどんな風が吹いても動じない固い幹。お尻の下ではがっしりとした根が揺らぐことなく地面をつかんでいます。

そして青々と茂った葉は、深紅のつやつやした実を際立たせ、「こっちの実は甘くておいしいよ」と言わんばかりに指先を伸ばすようにして実を揺らしています。

「そうか、サクランボは実を食べてくれといって、動物を誘っているんだ」

それに気が付いた私は、その日を境に食材との向き合い方が変わりました。

植物には意思があり、意識がある。

サクランボは種を未来に残すために動物に食べてもらいたいのです。

そう考えるうちに、食べに来る生き物側からサクランボを見たり、サクランボ側から動物を見たりして、サクランボの形と色にも意味があることに気付きました。

そしてわかったのは、サクランボは動物に食べてもらいたい植物なので、生のままで十分においしい味だということです。

それなのに私は、タルトに入れてオーブンで火を入れてしまった。しかもサクランボよりも甘いアーモンドクリームでサクランボの意思を無視して料理をしていたのです。

それは山澤さんの言った「サクランボの気持ちになっていない」行為でした。

それから私は毎日出合う食材の立場に立ってみて、その食材にどんな狙いがあるかを考えるようになりました。

どんなふうに実をならせるのか、どんな味にして動物をおびき寄せるのか、どうやって敵や自然災害から身を、そして実を守るのか。

植物の狙いを考えてみることで、食材の持つ特性がよりはっきりと見えるようになったのです。

そしてその日から、私の料理のしかたが百八十度変わりました。

# 動物に食べられたい植物と食べられたくない植物

植物の捉え方が変わり、私たちが食べる植物はどうやら大きく二つの種類に分けて考えられそうだ、ということに気が付きました。

それは「動物に食べられたい植物」と「動物に食べられたくない植物」です。

食べられたい植物とは、果物や果菜などの実のなるものです。

これらの植物の多くは、種を動物に運んでもらうことで繁殖する方法をとっています。

彼らはいつも、鳥や動物に食べられたい、そう願っているのです。

自分では動けませんから、その場でアピールして鳥をおびき寄せなければなりません。

自分がもしサクランボだったとしたら…。

「ああ、あの空を飛んでいるカラスさんに僕を食べてもらいたい」

遠くを飛ぶカラスを地面から見上げて、それだけをただひたすらに考えているかもしれません。

だからこそ緑の葉っぱの中から見つけやすいように実を真っ赤にしたのでしょう。

さらには味が重要です。

一生懸命根から栄養を吸い上げて光合成をし、種の周りを甘い香りを放つ果肉で覆います。

食べてさえもらえれば大成功。あとはカラスのあずかり知らぬところで種をフンと一緒に地面に落としてくれるのです。

つまり、食べられたい植物は、動物に好まれるように最大限の努力をして今の姿に進化してきたというわけです。

トマトは人間にターゲットを絞った植物じゃないかと私は考えています。

もともとトマトは甘さも旨味もない植物です。それが今ではこんなに魅力的な食材になり世界中で大人気です。

もしかするとトマトはあるとき、人間に食べてもらえると世界中に広がれるぞ！　と気付いたのかもしれません。

こんなふうに考えると、人間がトマトを改良して育てているのではなくて、トマトにうまいこと誘われて、人間は利用されているのではないかという気にさえなります。

さてもう一方の食べられたくない植物とは、主に根菜や葉もの野菜です。

大根を例に考えてみましょう。大根の土の中の白い部分は、寒さ厳しい冬を乗り越えて春に一気に花を咲かせるための、いわば栄養の貯蔵庫です。

ここを動物や虫に食べられてしまっては、次の世代をつくることができません。

ですから動物に食べられたくない一心で、最大限の防御を行います。

大根は、外側に動物の嫌いな味を仕掛けました。皮の部分は苦かったり、辛かったりしますよね。自然界では辛味や苦味は毒というサインです。

大根にネズミがやって来てかじると、皮の部分から真っ先にその嫌な味が飛び出して「これは毒ですよ、食べてはいけませんよ」とネズミに訴えるのです。

「食べられたい」と思っている植物と、「食べられたくない」と思っている植物。

この二つの植物の考え方は、私の料理の新たな出発点となりました。

## 動物に食べられたい植物

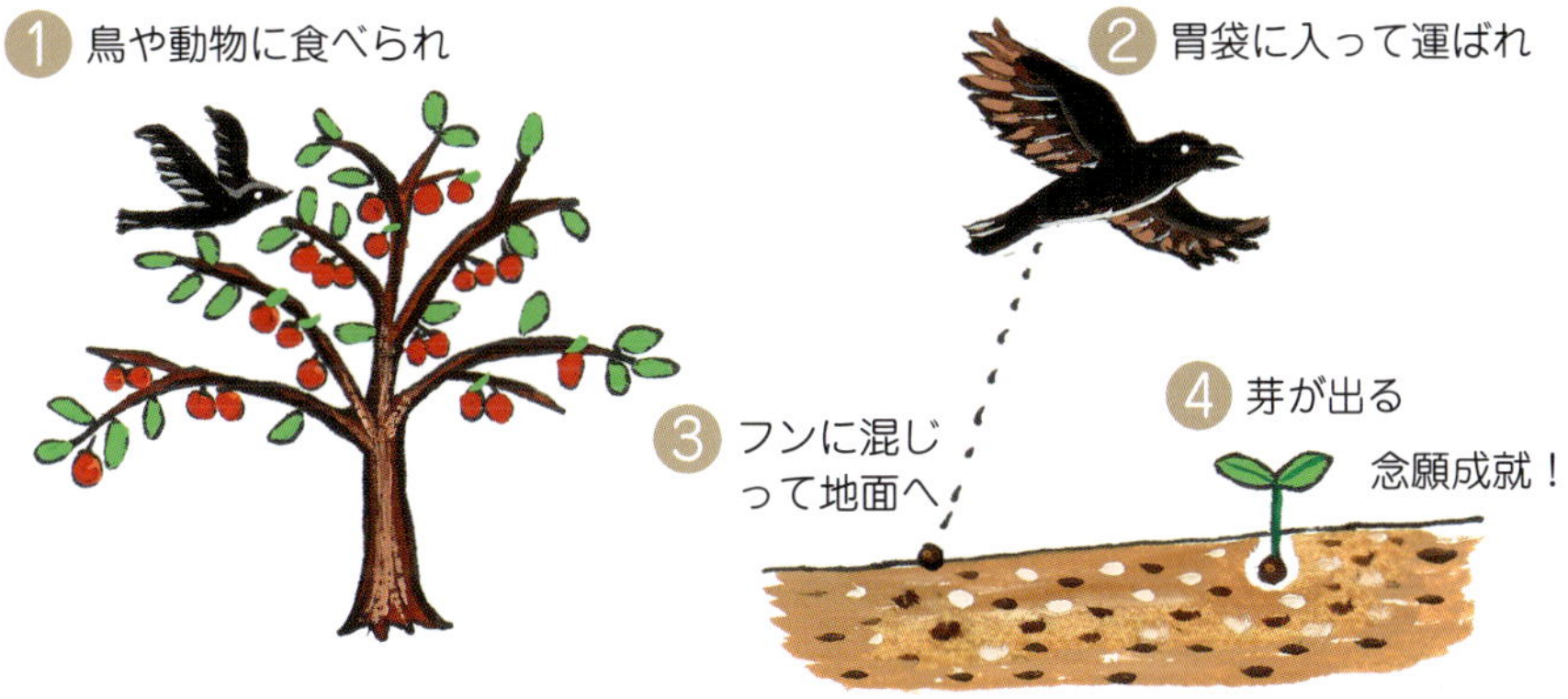
1 鳥や動物に食べられ
2 胃袋に入って運ばれ
3 フンに混じって地面へ
4 芽が出る
念願成就！

食べてもらうことで種を遠くに運んでもらい子孫を残す植物

## 本当は動物に食べられたくない植物

エネルギーをためている部分が動物から狙われるので防御

春に花を咲かせるための蓄え
ネズミが間違ってかじると
辛さが攻撃
退散！

# 植物の狙いから調理法を考える

1995年ごろに流行したイタリア料理に「冷たいトマトのカッペリーニ」があります。

当時のレシピ本を見ると「トマトをカットしたら塩をして蜂蜜とビネガーを加えニンニクの香りのオイルで半日漬ける」と書いてあります。

どれも旨味のある材料、間違いなくおいしい味に仕上がります。

ですが調味料を多く使用するので、トマト自身が持っている味はかき消されてしまいます。

この料理がはやったのには理由があります。それは日本の流通システムにかなったレシピだったからです。

市場を経由して店に届くトマトは、運搬の時間を考慮してまだ青いうちに収穫されるものがほとんどです。

その状態で収穫されたトマトはたいてい甘味も酸味も少なく、トラックで運ばれた時の車の振動によって苦味も加わっています。

このトマトをカッペリーニの具材としておいしく食べるにはやはり、甘味を補う蜂蜜と酸味を補うビネガー、それらの味をまとめる役割のニンニクが必要なのです。

ではこの料理は、トマトの気持ちを考えているでしょうか?

庄内に素晴らしいトマトを作っている井上馨さんという生産者がいます。

井上さんのトマトは、枝についたまま完熟させるので、そのままで十分に甘くて酸っぱくて歯応えもあります。トマトが本来持つ、動物に食べられたいという狙いがはっきりと現れているトマトです。

このトマトの気持ちを受け止めて料理をすると、次のようになります。

①トマトは人の手が触れるほどに香りを失っていきますから、まずは触れる回数を極力減らして香りをできるだけ保つことを最優先とします。

②熱を加えたくないので湯むきはしません。くし形に切って、包丁で皮をむきます。トマトの細胞が壊れないように、必要以上に揺すらないようにします。

③ニンニクをボウルにこすりつけ香りをほんの少しだけ移し、トマトを入れます。

④トマトの味を引き出すために、塩の力を借ります。ひとつまみかけて、オリーブオイルを回し入れ、トマトをオイルで包みます。

⑤ゆでて水で冷やしたカッペリーニをタオルで絞って水気を取り、③に入れて軽くあえます。

この料理のことをある雑誌はこう書いてくださいました。

「アルケッチァーノのトマトのカッペリーニはおいしい。何もしていないのに」

甘くて酸っぱい完熟トマトの味がダイレクトに伝わって、それを感じていただけたのだと思います。

一方、動物に食べられたくない植物は、火を通すことで人間が違和感なく食べられるものになります。

動物に食べられたい植物は火を通さず、食べられたくない食材は加熱する。これが私がたどり着いた法則です。

料理を「自然界の中の食べ物として考えるか」それとも「人間界の中の料理として考えるか」という大きな違い。

植物の狙いから料理を考えるということは、自然を尊重するということです。

## 動物に食べられたい

冷たいトマトのカッペリーニ

食べられたい気持ちをかき消さないように
生で調理する

## 本当は動物に食べられたくない

火を入れる

ブリ大根アルケッチァーノ風

外側の辛いところを削って中の甘いところを
生で食べる

食べられたくない気持ちを逆手に取る

すりおろす＝動物にかじられた状態

摩擦熱が発生＝動物の体温が伝わった
状態

↓

酵素の働きで辛くなる

藤沢カブとカントゥッチ

# 野菜の味をつくる自然の見かた

野菜には、野菜の狙いから生まれた味があります。私は「遺伝子が持つ味」と呼んでいます。さらにもう一つ、「環境のさまざまな要素が作り上げる味」があります。野菜の味はこの二つが相まって出来上がります。

　私はあるとき、理想の野菜の味を求めて農業も始めました。野菜の味にこだわると土に行き着きます。料理の仕込みは土から始まっているといっても過言ではありません。

　始めてみるとあまりにも奥が深過ぎて、探求するうちにそちらに夢中になり、1日が24時間では足りなくなってしまいました。これでは体が持たないと思い、やめました。

　その代わりに私は、畑を見極める目を持つことにしました。たくさんの農家の皆さんに、土のこと、水のこと、植物の生態、太陽の光、菌のこと、ほかにもさまざま教えていただきました。

　それらをまとめたのが64、65ページの相関図です。

　まずはマクロの視点からその土地のことを知ります。

　地図や写真、飛行機に乗ったときなどを利用して、その土地の鳥瞰図をつかみます。畑の背景にある山はとても重要な情報源です。

　例えば庄内平野には、春に月山の雪解け水が流れ込みます。

　月山は広葉樹林帯が多いためカリウムを多く含んだ水が運ばれてきます。カリウムは植物の三大栄養素の一つで、植物の根を丈夫にしてくれます。

　庄内の米がおいしいとされるのは、山の表層を一気に流れて里にやって来るこの水のおかげなのです。こうしたことを踏まえて山を見渡すわけです。

　山脈の西側にあるか東側にあるか、どんな質の岩石か、植生は針葉樹か広葉樹か、川はどこを流れているか、風はどこを通っているか、湿度を作り出す山の地形か、畑が斜面ならばどの方角に面しているか、などなど。

　良い土の畑とは、大まかにいうと肥《ひ》

## 自然に寄り添う生産者の畑

北海道森町の明井《みよい》清治さんは、有機農法で土の微生物と肥料のミネラルを調整してカボチャに最適の土作りをしています。肥料はミネラル豊富な海水や海洋生物が主体。明井さんは「カボチャの葉を見ると向こうの森の木の葉と同じ色でしょう。これが土の微生物と栄養素のバランスが取れているという証拠なのです」と教えてくださいました。そのカボチャは熟成庫での追熟も加えて、糖度の最高値は驚きの30.5度です。写真で私が下を向いているのは一生懸命メモを取っているからです。

沃《よく》な土が堆積した所で、ミネラルの多い良い水が流れ、微生物の多い畑です。

庄内の野菜がおいしいのは、田園の湿度があるため早朝に朝もやがかかり、日が高くなると空気が乾燥して気温が上がって湿度が下がり、日が落ちると気温がぐっと下がるので作物が昼にためた栄養を消費しないからです。

慣れてくると、その土地の鳥瞰図を想像して、そこに育っている野菜の大まかな味をつかむことができます。

次に人の目線で土を見てみます。

畑の端に立って全体を見渡します。

畑の周辺の雑草に目をやります。スギナが生い茂っていたり葉のとがったイネ科の草が多かったりすると、土壌が酸性に片寄っていることが多いです。

土のバランスがとれてくると、雑草の種類が増え、特に葉っぱの形が丸いものが多くなり、さらに良い土にはハート型の草が多くなります。雑草は季節によっても変化しますので、一年を通して観察することが必要です。

可能ならば畑の中に入らせてもらいます。微生物が多く栄養豊富な畑は軟らかくてふかふかしています。土を掘るとミミズや虫がいて、畑の周辺にはそれらを食べに来る鳥も多くいます。逆に化学肥料や農薬漬けになっている畑の土は微生物が少なく固く締まっています。辺りにはハナバチや鳥の気配がありません。

大きく息を吸ってみましょう。野菜は土にいる微生物や菌によって育ちますから、良い菌がいるかどうかがわかります。

良い畑は芳香があり、息もスムーズに心地良く吸うことができます。反対に化学物質が多かったり、腐敗系の菌が多くて環境が悪かったりすると息が伸びやかに吸えません。

風の通り道を見ましょう。

優しい風の通り道に面している畑は野菜が健やかです。

風の通る所は植物の葉っぱの動きを見るとわかります。上下にリズムよく緩やかに葉が風になびいている所をたどってみると、風の道が見えてきます。

その緩やかな葉の動きは成長ホルモンを刺激するので、その野菜の根は深くしっかりと入っていきます。

風が強過ぎる所の野菜は葉がせわしなく動き、強風に耐えて育っているので苦味が強かったり、繊維が硬かったりします。

地形を見られるようになると、食材が手元に届いて味をみたときに、その背景の風景を想像することができます。

北海道せたな町の富樫一仁さんは自然農法で在来種の「つるのこ大豆」を生産しています。私が初めてこの畑を訪れた時、土は硬く辺りは静けさに包まれていましたが、大豆と雑草との共生を試みて３年ほどで土に軟らかさと湿度が増し、虫や鳥などの生態系が豊かになりました。大豆も優しい甘さと心地良い苦味のバランスの良い味になってきました。
「まいてすぐ芽が出る種は成長し、芽が出るのが遅いものはハトに土をほじくられて食べられる。自然淘汰が良い種を残すという自然の営みの力が働いています」と富樫さん。

にあるもの
雨水　チッソ、リン多い
PM 1:30
オレンジの波長
朝の波長は光合成を促進する　そのでんぷんを新鮮に保つための物質＝抗酸化物質を夕陽が増殖
朝日は菌根菌を、夕日は発酵菌を増やす
西
西風
収穫前の実成り　雨雲の通り道は○
山が豊かなら水のチッソを減らす
赤の波長
PM 3:00
雷はキノコに良いマイナスイオンを出す
の傾斜角が30度に
ければ水の動きが良く、
の吹きかたも良い
実成りものに良い
夕日
風
チッソとリンが多いと水が濁る
オレンジの波長が海に反射して威力UP
フワフワとあたる風で葉が踊ると成長を促し根が深く入る
広葉樹林を通った水はカリウム増
砂地はチッソ、リン、カリウムやマグネシウム、カルシウム、堆肥をコントロールしやすい
中流の川の横は土が良い
水は地下にしみ込む
夜は紫色の波長
井戸
水が地下にしみ込むときに岩やいろいろな層を通るのでミネラル多くなる
地下水は海中にも出ている
鳥が多いのは生態系豊かな証拠
露地栽培
慣行農法
有機農法
森林農法
自然農法
ダンゴ虫ミミズがいる
ハウス栽培
野菜
いた空気 ×
度高い ○
赤クローバーはチッソ固定盛ん
フワッとしていて適度に湿気がある
腐食と土がうまくつながっている
土同士がくっついていないから酸素と水が通る
逆だと水をまいても水が動かない酸素なくなる　そして酸欠、根腐れ
ハウスの中に入ってマイナスイオンがあればOK　風があれば真ん中に行く
科などが多くなる
堆肥は何か？を見る
保水力ある保肥力もある
な草
良
ナズナ
ハコベ
オオイヌノフグリ
ヒメオドリコソウ
ノボロギク
ツユクサ
シロザ・アカザ
スベリヒユ
手で握ってみるとコロコロした感じ

野菜の味の
標高
2000m 万年雪
一年中平野部への水
枯れない
曇り空のときは
白い波長
2000m
1000m
600m
20m
東
朝焼けは
赤・オレンジ
・白の波長
日の出
日の出
から2時間
緑の
波長
日の出
4時間
黄緑の
波長
AM
10:50
前
黄色の
波長
1000m
植物の滋養分多い
日の出前
青の波長
針葉樹の葉が落ちるのは3年に1度なので落ち葉が太くなかなか腐らない、また根が広がらないので水をつかまない
広葉樹の谷底は
良い土が積もる
広葉樹の森は
実が落ちる
ので、それを
食べる動物
多くなる
ブナ林の山は
水を多く含む
広葉樹の根は
横に広がるの
で土が安定
する
広葉樹の葉は1年に1度
落ちるため葉柔らかい
腐葉土になりやすい
根を作るのに必要な
カリウム豊富
川の源流は
森の毛細血管
のようなもの
600m 風の吹
きかた良い
針葉樹の森は
実がないので動物
が少ない→フンがあまりない→養分少ない
山の稜線と
同じ形になる木の
の延長線の畑は
「はな丸」
ライン
川を境に高い
側が良い土を
堆積している
盆地の一番下は冷たい空気
たまる、昼は暑い
20m
0m
夜冷気がたまる
朝モヤが立ち
やがて日が昇り気温が
上がりながら湿度が下がって
いくのは良い条件の畑、朝モヤと
夕モヤの細かい粒子の水分を吸う
高
低
原産地と似ている
条件だと生命力UP
山の高さと海までの距離で
川の冷たさと透明度は
変わる
お米
乾いた空気 ○
湿度高い ×
冷たい水をまくと
温度差で植物内の
栄養の循環が促進
される
田に入ってくる水が
ある程度冷たく透明
田の中にオタマジャクシ、
カエル、タニシ
大きく息を吸って
スーッと入ってくれば
○
マメ科とイネ科が
混在
イネ科
とがった葉
鶏の堆肥は糖度増す
チッソが増えると甘くなる
田 畑 の い ろ
悪
セイタカアワダチソウ
ヨモギ
チガヤ
ススキ
スズナ
ハハコグサ
ギシギシ
白クローバー
野菜は
土や根、葉にすむ
微生物によって育つ
家畜の堆肥は抗生物質が
含まれている可能性がある

# 良い野菜の見極めかた

できるだけ良い野菜を選び抜いて料理を作りたい。料理人なら誰もが願うことです。

では「良い野菜」とは、どのようにして見極めるとよいでしょう。

結論から言うと、野菜の味を見極める「野生の目」を養うことです。

市場、八百屋やスーパー、畑、どんな状況にあっても、目の前にある中から一番おいしいその一つを選び抜く目です。

食べたらわかるじゃないか、味見をすればいい。これでは半人前です。ベストなものはお客さまに出すためにとっておく、これがプロの仕事です。

ですから養うべきは、目の前に幾つも並ぶ中から、自分の狙い通りの味と香りのものを「目で見て判断する力」です。

例えば畑でトマトを選ぶ場合、私は一つ二つもぎ取って食べてみますが、これは「この畑はだいたいこんな味」と大ざっぱに捉えるためです。

その一つだけを食べても、その畑全てが同じ味とは限りません。

場所によって、日当たり、水はけ、風の吹きかたが違いますから、味や香りが違ってきます。

真ん中と端では、地面からの栄養の競争相手の数が違いますから、実のなり具合に差が出ます。

個体によっても差があって味が違いますし、茎の根元の方になっているのか、先端になっているのか、房の茎側か端っこかでも違います。

そして日々の天候でも変化します。晴れが続いているときと雨が降った後ではまるで違います。

そうした中から一番おいしいトマトを探すとき、私はカラスに変身します。

自分は今「おなかがすいたカラスだぞ〜」と自己暗示を掛けるのです。

空からトマト畑をのぞき込むような気持ちになって見渡すと、数あるトマトの中からおいしいトマトの赤い色だけが目に飛び込んできます。

カラスの目になると、トマトのアピールを感じられるようになるのです。畑を歩いていてアピールむんむんのトマトに出会ったときなどは思わずドキッとしたりします。

さて、これだと思う実に出会ったら、できるだけ果肉に衝撃を与えないように、そうっともぎとります。

食べころのトマトなら、ヘタが軸から簡単に外れてトマトの方から手の中に転がり込んできます。

私の経験では、味の良いトマトは、産毛が細かくしっかり生えていて、ヘタの周りがもりもりと盛り上がって外部との面積を多くとり、種の部屋の数が多く胴の部分がポンッと張って、先がとがって、見るからにグラマーです。

普通においしいトマト

もっとおいしいトマト

トマトに限らずどの野菜でも、それを食べにやって来る動物の気持ちになると自然と「これが飛び切りおいしそうだ」というのが目に飛び込んでくるようになります。

ひと言で言うと、生命力の強いものが何でもおいしいですし、おいしいものは艶があります。

そういうものを見極められる目を持つこと、それが「野菜の声を聴く」第一歩です。

# 野菜をメッシュで見る

## ~水っぽさとみずみずしさ

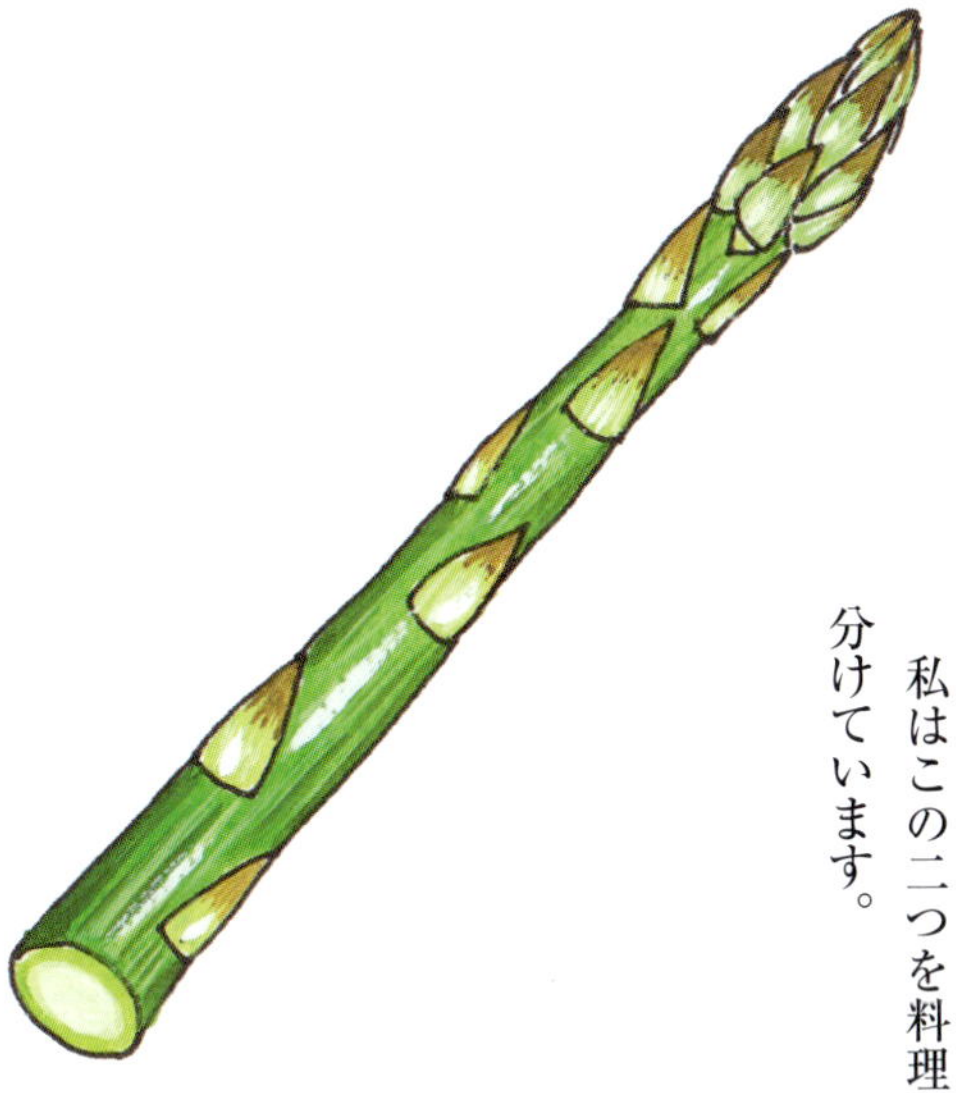

化学肥料を使っている畑の野菜は味が単調で深みがなく、野菜そのものからはじけるようなエネルギーを感じません。肥料で無理矢理太らされているので、細胞のメッシュを見るとわかります。

過剰に肥料を与えられて急激に成長したものは、ひと言で言うと水っぽくなります。野菜の切り口からは水が滴り落ちて、細胞に力がありません。

微生物の多い良い土でゆっくりと成長した野菜は、細胞の数が多く、水に入れたスポンジのように水分を保有するので、野菜を噛んだときに水がはじけ出ます。

ちなみに動物性堆肥を使わない自然農法の野菜は、味の数が多くて喉越しが良く、食べたときに抵抗を感じません。

有機農法などで窒素成分を多く与えられた野菜は、香りと旨味は強いのですが食べ飽きします。

私はこの二つを料理によって使い分けています。

## 野菜の生長とメッシュの大きさの違い

断面を見る

メッシュが細かい

必要な栄養をその時々にもらいゆっくりと成長したもの
細胞分裂が盛んなので細胞の数が多い

スポンジたわしのような構造

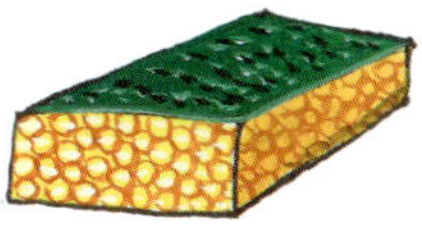

噛んだときに初めて水分が出てくるのでみずみずしいと感じる

メッシュが大きい

急激に成長したもの
化学肥料で育てられたもの
日当たりの良過ぎる所のもの

金属たわしのような構造

水分を保てなくて水分が流れ落ちる
かじる前から水分が出ていて水っぽいと感じる
保水力がなく切り口からすぐに乾く

# おいしい野菜の料理のしかた

## 透き通った味の野菜

くせがないもの

↘ 生のまま調理する

動物になった気持ちで
味を捉えたとき
「毒を感じない」
「苦味・辛味がない」
という味の野菜はその
まま食べる

小松菜とサザエのスープ

## みずみずしい野菜

### シンプルに

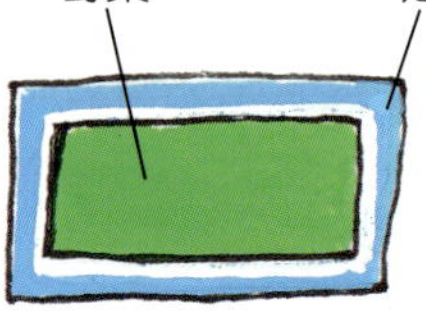


みずみずしさを強調したいときは油でコーティング

### 組み合わせで

みずみずしい野菜 ＋ 乾いた食材

みずみずしさを強調する

## 加熱法を工夫

### 調理法で

旨味のあるみずみずしい
野菜に合う調理法

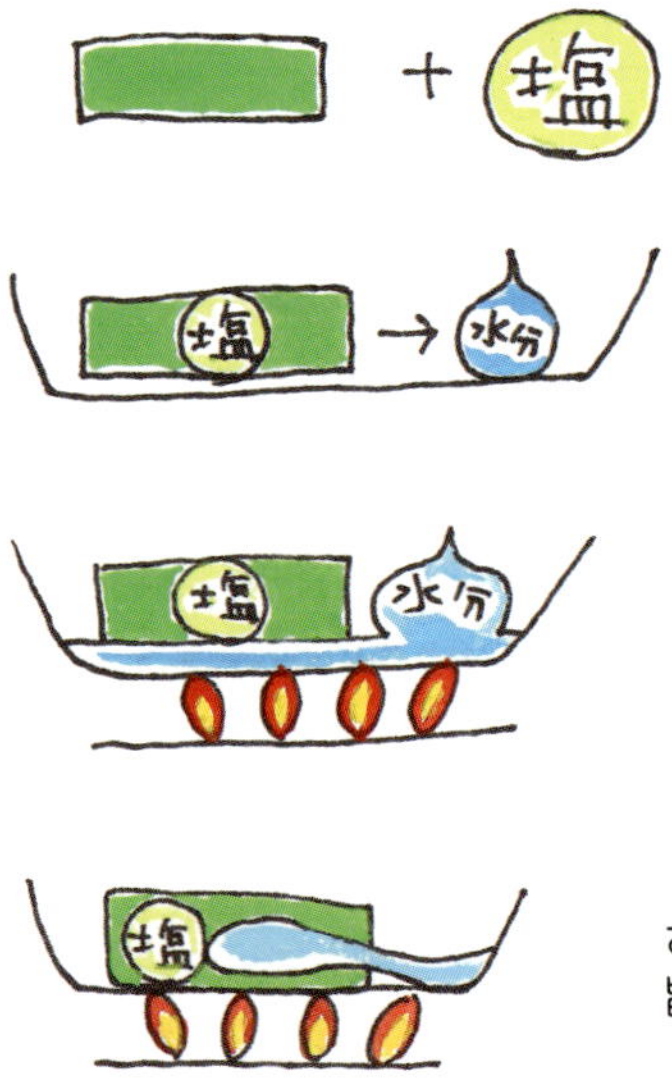


塩をふる

↓

水分が出る

↓

煮つめて旨味を
凝縮

↓

さらに加熱して
旨味を野菜に戻す

旨味がパワーアップする

### 合わせる食材の加熱法を工夫

強めに焼いた水分の
少ない肉と合わせて
みずみずしさを強調

強めに焼いた水分の
少ない魚と合わせて
みずみずしさを強調

おいしい野菜・おいしい食材は
**大切**にしたい味だから
**大**きく**切**る

→ 野菜の食感を感じる ＝ 食感はその野菜のキャラクターの一つです

# おいしくない野菜を料理しなければならないとき

## 苦味・辛味を持っている野菜

同じ野菜でも一つ一つ味が違っていることがある

### 小さく切って調理

油で一緒に炒めて塩をふり、味を同じラインにそろえてそこから料理をする

### 旨味でふたをする

その野菜より旨味のあるソースで包む

旨味のあるだしに入れる

## 味のない野菜

その野菜に足りない味を持っている別の食材と組み合わせる

↓

二つで一つの素材と考える

## 水分の少ない野菜

### 水を吸わせる

### 水分の多い野菜と合わせる

### スープに入れる

### とろみをまとわせる

あんやソースなど

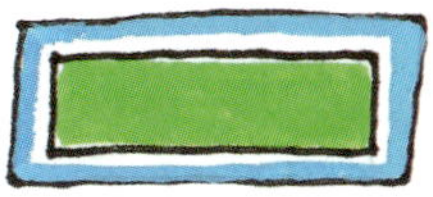

### 煮る

野菜の中に水分が入るような火加減で煮る

### 油で揚げる

### 粉砕する

火を入れてから

おいしくない野菜は
**小**さく**切**る

→

野菜の
存在感を
小さく

# 魚の見かた

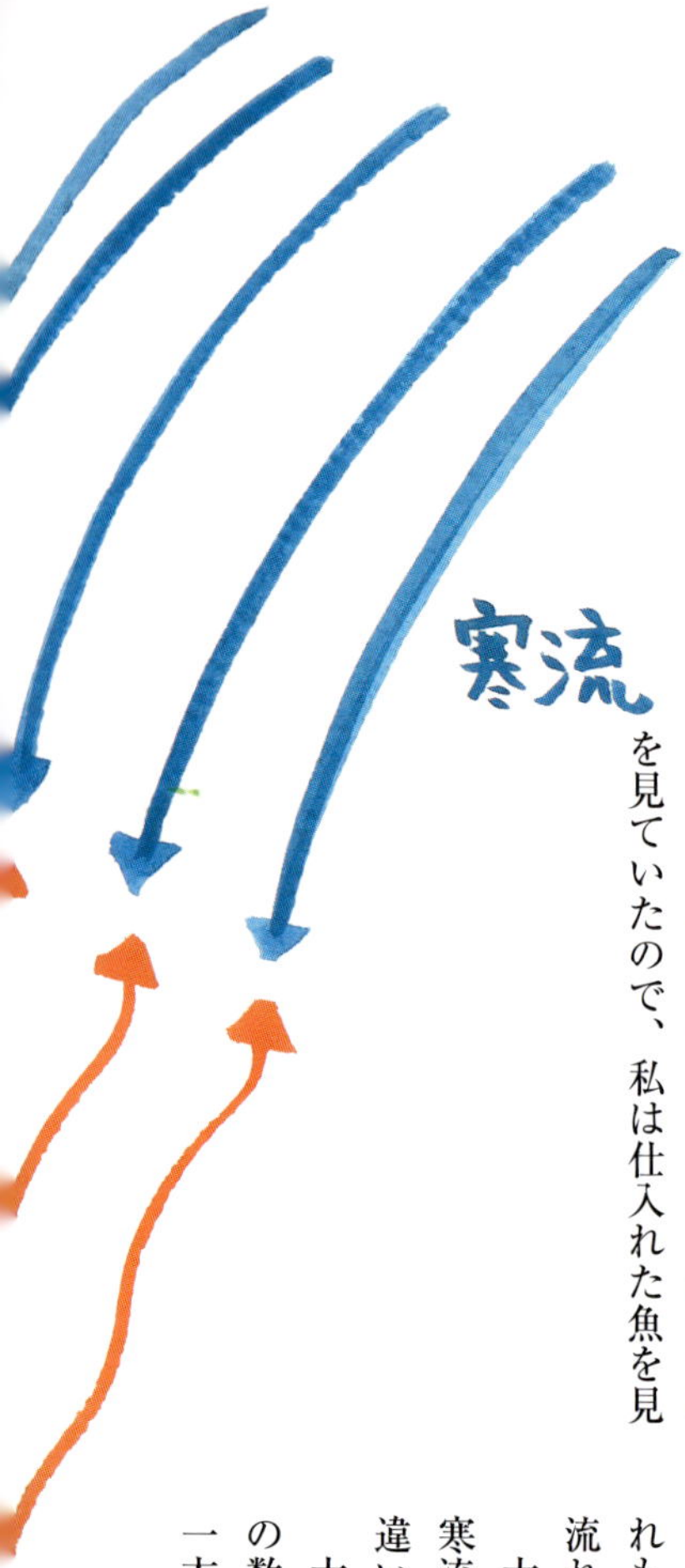


皆さんは、魚と縄張り争いをしたことがありますか？

私はあります。

子どものころ、海から50メートルの所に家がありました。夏になると遊び場はもっぱら海。潜ってサザエや海藻をとってはおやつにして食べる毎日でした。

縄張りを持つ魚は、自分のエリアに他の魚が入ってくると、途端に動きがビュッ、ビュッと俊敏になってこちらに向かって来ます。

水の中で目が合って、水中眼鏡に頭突きをされたこともありました。

子どものころからそうした魚の生態を見ていたので、私は仕入れた魚を見るとどんな所でどんな暮らしをしていたんだろうと想像が膨らみます。

私は、魚が暮らしていた環境を見極めて、料理のしかたを決めています。

魚の味は育った環境で変わります。

まずは大きな視点から見てみます。

日本を取り巻く海流はとても複雑なので、そのエリアごとに海の特徴が違います。おかげで日本は魚種がとても豊富な国です。

太平洋側の三陸沖には世界三大漁場といわれる親潮（千島海流）と黒潮（日本海流）がぶつかる場所がありますが、海水が洗濯機の中のように縦横に混じり合うので、生態が豊かです。

一方日本海側は、南からの温かい対馬海流が日本列島に沿って北上し、北から冷たいリマン海流が中国大陸側を南下するので、大きな回転する流れが出来ます。また寒流は海底に潜り込み海中の岩礁にぶつかって湧き上がる流れも作り出します。このため日本海は流れが複雑です。

太平洋側と日本海側どちらも暖流と寒流がぶつかり合いますが海水の味が違います。

太平洋側の海水は、なめてみると味の数が多く、味に膨張感があります。一方、日本海側の海水はきめが細かくて喉をすっと通り過ぎていきます。

出汁《だし》に例えるなら太平洋側は旨味の数が多く丸い膨らみのある中華出汁、日本海側が味の数を削ぎ落とした潔い味の和風出汁のような感じです。

このように海の素性には違いがあり、さらに水温も違い、魚の身の味に影響します。

例えばブリならば、太平洋側の緩やかな暖流に乗って北上するブリと、日本海側の寒流が入り込む海を北上するブリでは、海水温の影響で脂肪の入り方が違いますし、食べている餌の影響で香りも違います。

暖流にいたブリは筋肉全体に脂肪が入るので、身の中に脂が入り白っぽくなります。そのため脂っこさを抑えてくれるワサビをたくさん付けて食べるとおいしいと感じます。

一方寒流のブリは海水が冷たいので脂が外側につき、身は赤くなります。皮下脂肪は口の中で溶けるので、こういうブリはしょうゆの酸味やワサビの辛味を使わなくとも、塩だけでおいしく食べられます。

このように同じブリでも、海のさまざまな条件によって味が違うので、ベストな料理のしかたや食べ方が違ってくるのです。

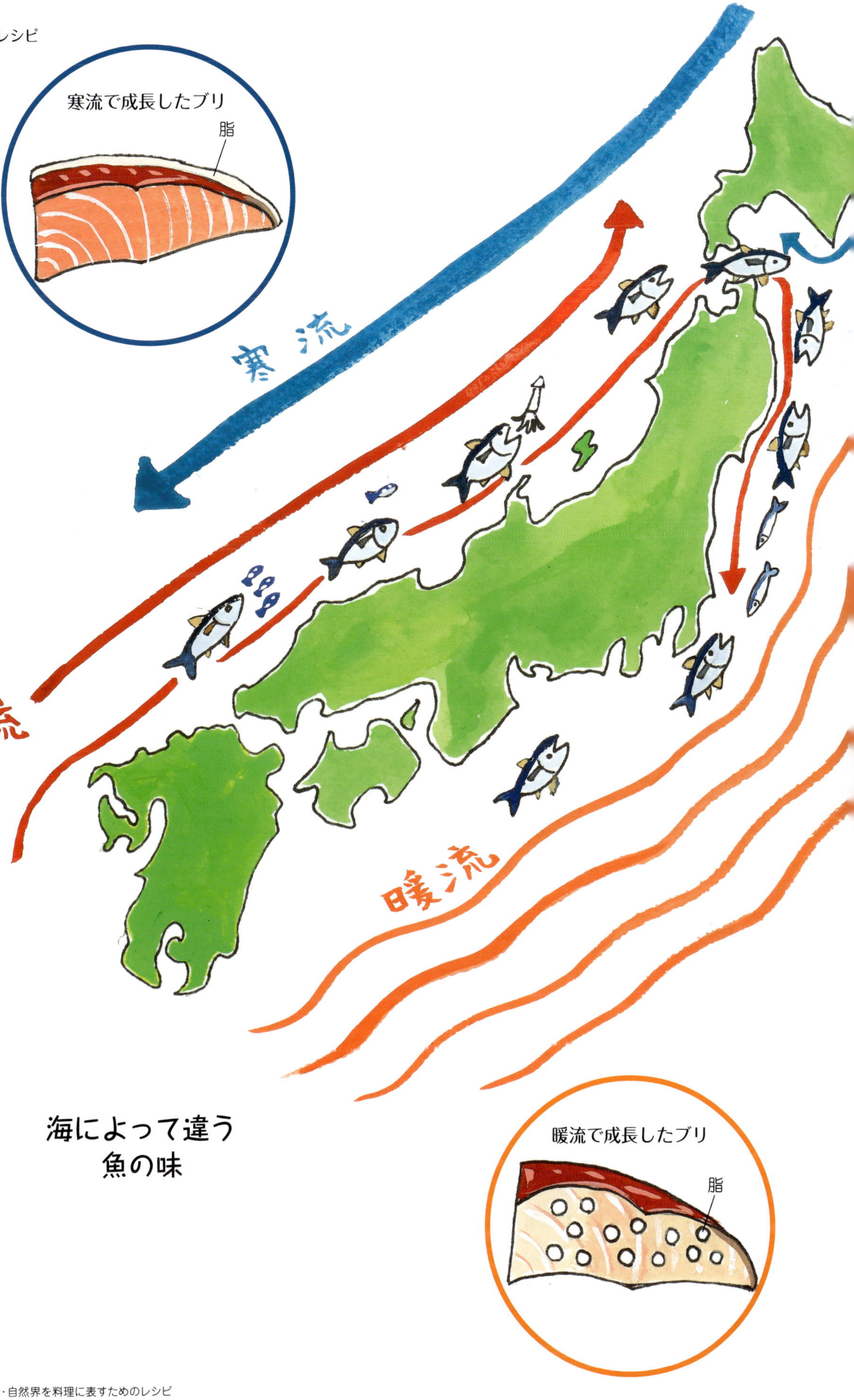
寒流で成長したブリ
脂
寒流
暖流
暖流
海によって違う
魚の味
暖流で成長したブリ
脂

# 地元の海を三次元で捉える

魚の味の違いには、海流だけでなく地理的な要因もあります。

私は酒田から仕入れるマダイと鶴岡市内の魚屋から仕入れるマダイの味がまるで違うのがどうしても謎でした。

酒田のマダイは水分が多く良い意味で軟らかく旨味もあるので、火を通すと味が濃縮されコクが生まれます。一方鶴岡の魚屋のマダイは身は硬いのですが爽やかな香りがするので、生で食べるのに向いています。

酒田のマダイは酒田港近海でとれたものとわかり、また鶴岡の魚屋のマダイは新潟との県境の鼠ケ関や由良漁港で水揚げされたもの、というところまで突き止めました。さらには漁船には網張りがあって、それぞれ漁場がほぼ固定していることも知りました。

でもそれだけでは味が違う理由はわかりません。私は地元の海を調べることにしました。

何度も足を運んだのは地元の水族館です。地元の魚介の展示コーナーは情報の宝庫。どんな魚がどのように生息しているかを細かく知ることができます。

魚の個別の生態に一番詳しいのは、地元の水産試験場の研究員の方です。特に海の中の生育の様子は、さまざまな現場調査をして一番情報をお持ちです。時間をいただいて、個人授業をお願いしたこともありました。

漁港では魚を船から降ろしている漁師さんに、その日揚がった魚は、どの場所のどれくらいの深さでとったのかを教えてもらいました。

漁をするのはその魚がたくさんいる所ですから、その魚が好きな水温と水深がわかります。水温が違えば料理のしかたが変わるので重要です。

こうして聞き取りしたデータベースを、頭の中でマッチングさせて立体的に整理したのが75ページの図です。庄内沖の海の中を三次元で表しました。

私はここに、地元の漁船がどこで漁をしているかをプロットしていきます。市場で魚箱に差し込んである○○丸と漁船名が書かれた紙を見て覚えておきます。

その魚を仲買人に競り落としてもらい、店で食べてみて良い味ならば覚えておきます。そして次の機会に直接船を探して、どこで漁をしているかを教えてもらいます。

そうすると「○○丸は毎年△月は▽▽岩礁の南側で飛び切り上等のノドグロをとるので、それを逃さず仕入れる」というデータベースが出来ていくのです。

さて、こうして調べた情報の蓄積から、酒田のマダイと鼠ケ関のマダイの味が違うのは、最上川にその理由があることがわかりました。川の河口は常に淡水が流れ出ていますから塩分が薄いのです。

淡水と海水はすぐには混じりませんから、その場所はまるで扇のような薄く平べったい淡水ブロックが出来、大

## 海中の丘と山にいる魚

山形県漁業協同組合資料より

雨が降るとこの扇が大きくなって数十キロ沖まで及ぶこともあります。

刺し網などで海中で捕らえた魚を船に引き揚げるときに、魚たちはこの淡水ブロックを必ず通過します。

魚が淡水に触れたときに浸透圧の関係で身の細胞が水を含んでしまうのです。

一方で川が流れ込む所はプランクトンや餌が豊富なので身に旨味が蓄積されます。

このことから、酒田のマダイは旨味はあるけれども水分も多い。反対に鼠ヶ関のマダイは大きな川がないので、海は塩分濃度が高いため魚の身は水分が少ない、また旨味は少ないけれど海藻の多い岩礁地帯にいるので香りが豊かということがわかりました。

このことに気が付いてから私は、確信を持って焼きは酒田、生は鼠ケ関と決めています。

またお客さまに対しても、「○○でとれた最高のノドグロです」と自信を持って言うことができるようになりました。

この海の三次元のデータベースが出来てから、魚料理に迷いがなくなりました。それはいつでも頭の中で庄内浜の海の中が見えているからです。

庄内の海
三次元図

日本海（北日本）の
海水の層

海を三次元で捉えられるようになると、まるで森を歩きながら木や鳥を眺めるかのように海の中の様子がわかってきます。

その感覚を手に入れると、図鑑で魚の勉強をしたり、水族館で魚の生態を観察したりする意味が変わってきます。

写真は私が魚の勉強のために足しげく通った加茂水族館。山形県水産試験場研究員の野口大悟さんに寒ダラの生態を教えていただいているところです。

魚の生態を学ぶことが、自分の料理をより高めてくれるのです。

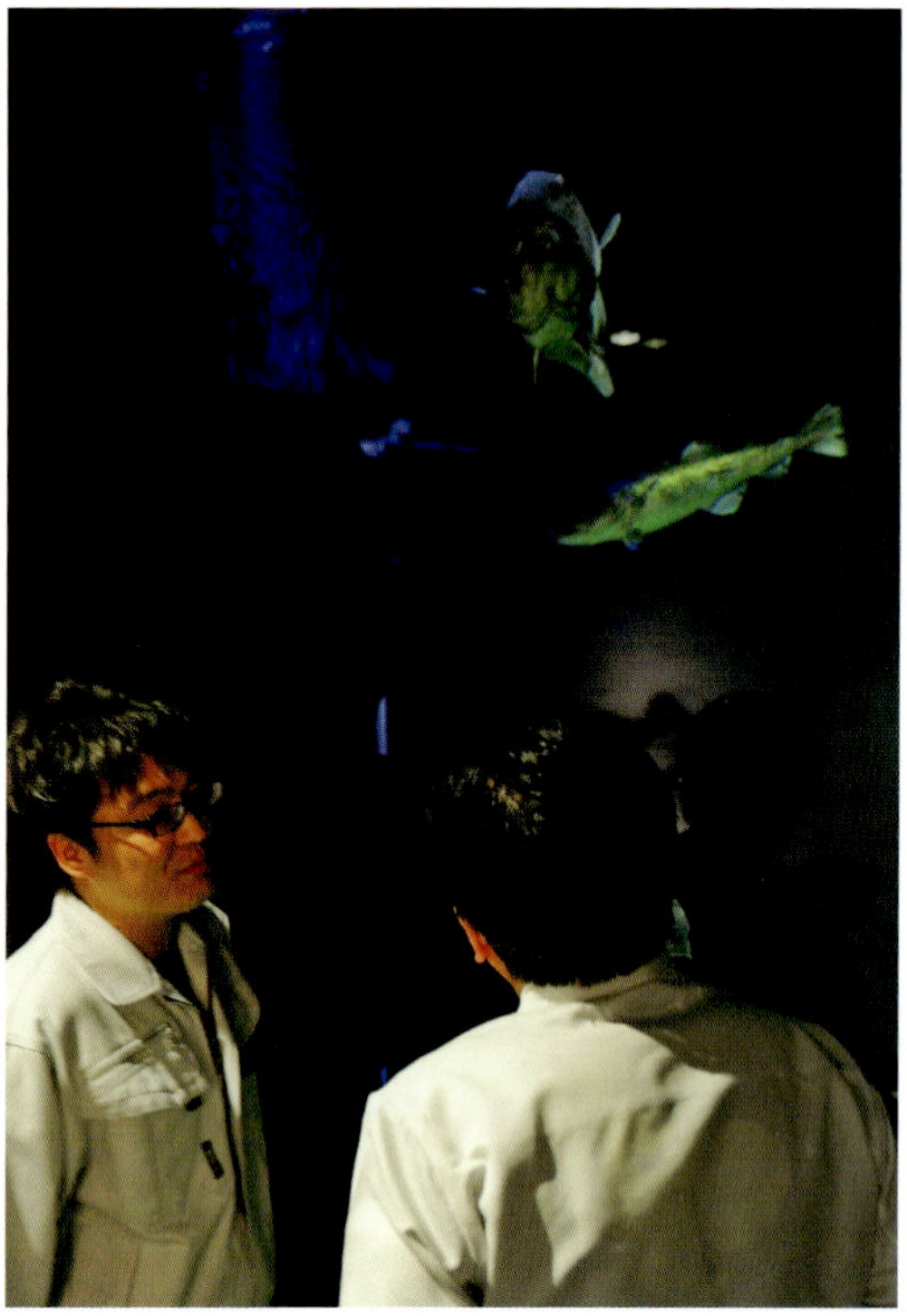

## とれた海によって魚の焼き方を変える

**塩分濃度の高い所の魚**

小気味よい味、水分少なく歯応えあり、旨味少ないが香りある

強火で中の貴重な水分を閉じ込め一気に焼き、小気味よい味を楽しむ

脂分が少ないのでムニエルで油を身の中に入れる

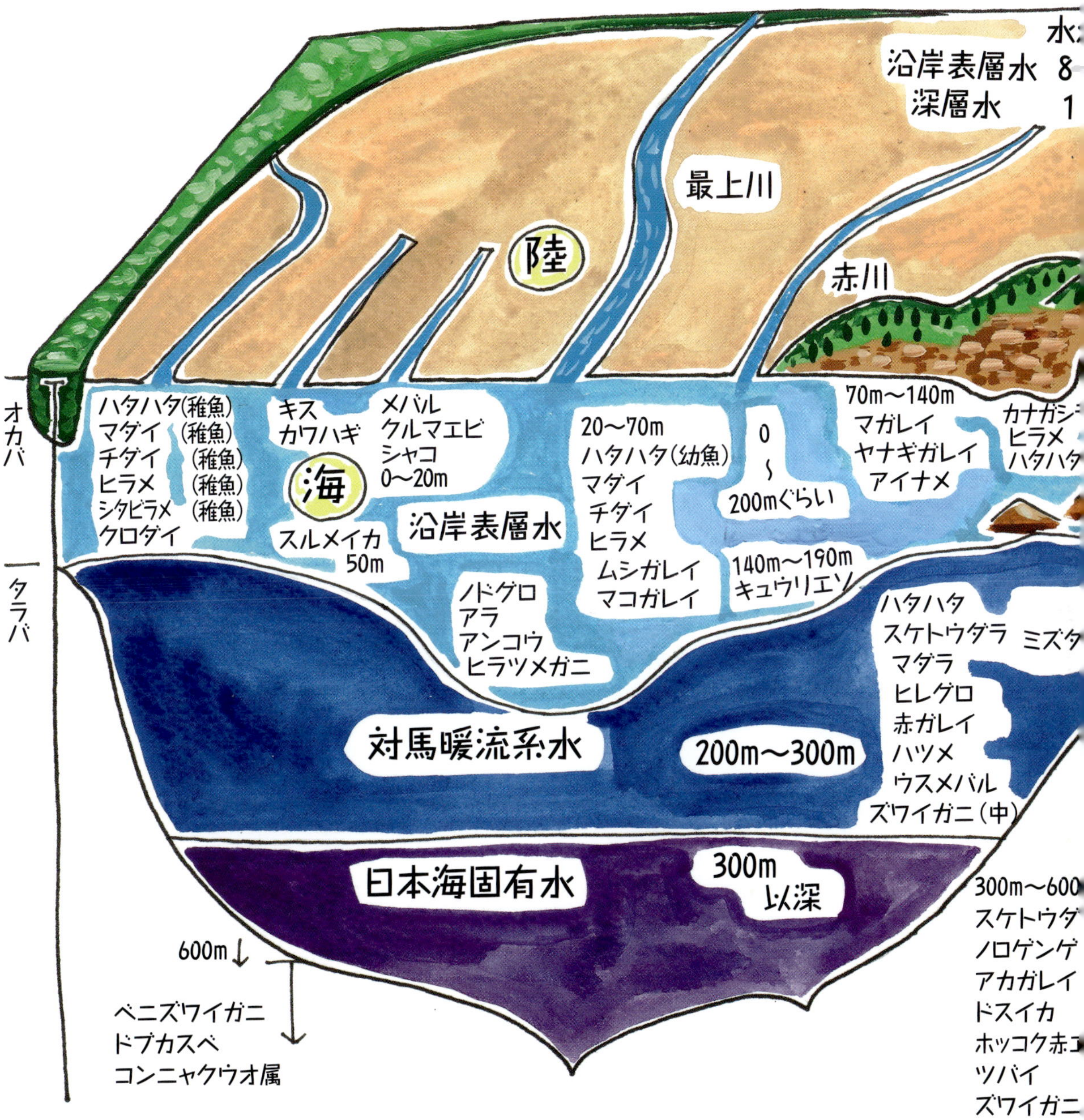


## 河口近くの魚

味は単調、水分多い、旨味ある

弱火で水分を落としながら旨味を凝縮させて、しょうゆやソースで食べる

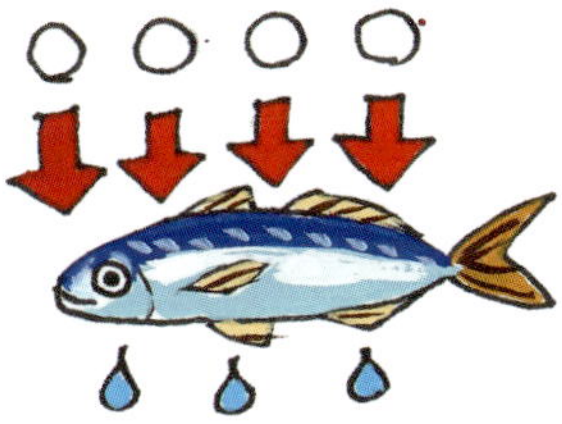

グリルして中の水分を落とし焙煎香をつける

串に刺して水分を落としながらフワッと焼く

# 港ごとに魚貝の味は違う

私は訪れた漁港では、波打ち際まで行って必ず海水をなめてみることにしています。

海水には、塩辛さの奥にいろいろな味が潜んでいます。海藻の味がすることもあれば、鉄っぽい味がすることもあれば、時にはほのかな甘さを感じることもあります。

私は港で海の味を確かめ、その港に揚がる魚貝を食べ歩くことを繰り返しているうちに、海の味と魚貝の味に相関関係があることに気が付きました。

漁港近くの産直で魚や貝を買って香りをかぐと、なめた海水と同じ香りがします。

時折近くの海水と違う香りがすることがあり、そんなときは魚屋さんに尋ねてみると、その魚は遠くの沖合でとれたと教えてくれて、ああなるほどと納得したりします。

ある時、こうして毎週違う港を訪ねてカキを食べていたら、同じ岩ガキでも港によって味や香りの特徴が違うこ

とがわかるようになってきました。

味覚は味の記憶力です。

食べた味を忘れないようにしながらそうしたことを繰り返しているうちに、店で仕入れたカキの香りを嗅いだだけで、どこの港でとれたのかということがわかるようになりました。

香りを嗅いだ途端に、記憶の中にあるその香りのする海の景色や海の中の光景が脳裏に浮かんでくるのです。

専門家に聞いたり、実際に自分で海に潜って確かめたりして突き止めたのは、沿岸部の海の香りは生えている海藻の種類に左右されるということでした。

つまり港ごとに、生えている海藻の傾向が違うということです。

それは時折カキの殻に付いてくる海藻の香りを嗅いでもわかります。

20代のころの私は秋田から新潟までの港巡りで精いっぱいでしたが、いまは全国の港を巡っていて、一度訪れた海の味はほとんど忘れません。

今ではカキを食べると、食べたことのある産地ならばだいたいどこの海なのかわかります。コツは食べたときに楽しい〜！　と思うことです。そうすると体が覚えてくれます。

あるとき大阪の和食の店でサバの刺し身を食べたところ、神戸の港の香りがして風景が浮かんできました。

そこで、神戸でサバがとれるのですか？　とお店の人に尋ねたところ、「それは大分のサバですよ」と言われてしまいました。

「おかしいな、神戸の海の味がするんですけど」

と言ったら、ちょうど店にいた魚を納めた卸業者の方が目を丸くして驚いてこう言いました。

「そのサバは大分で捕まえて、生きたまま神戸に運び、神戸の港の海水を汲んだ生け簀《す》でしばらく保管していました」

みんなで顔を見合わせて大笑いしました。

海の味は海藻の味。

そのことがわかってから、海藻の生えている海中の景色を想像しながら料理をするようになりました。

これがわかると、どんな食材と合わせるとその魚介をおいしく食べられるかが見えてきます。

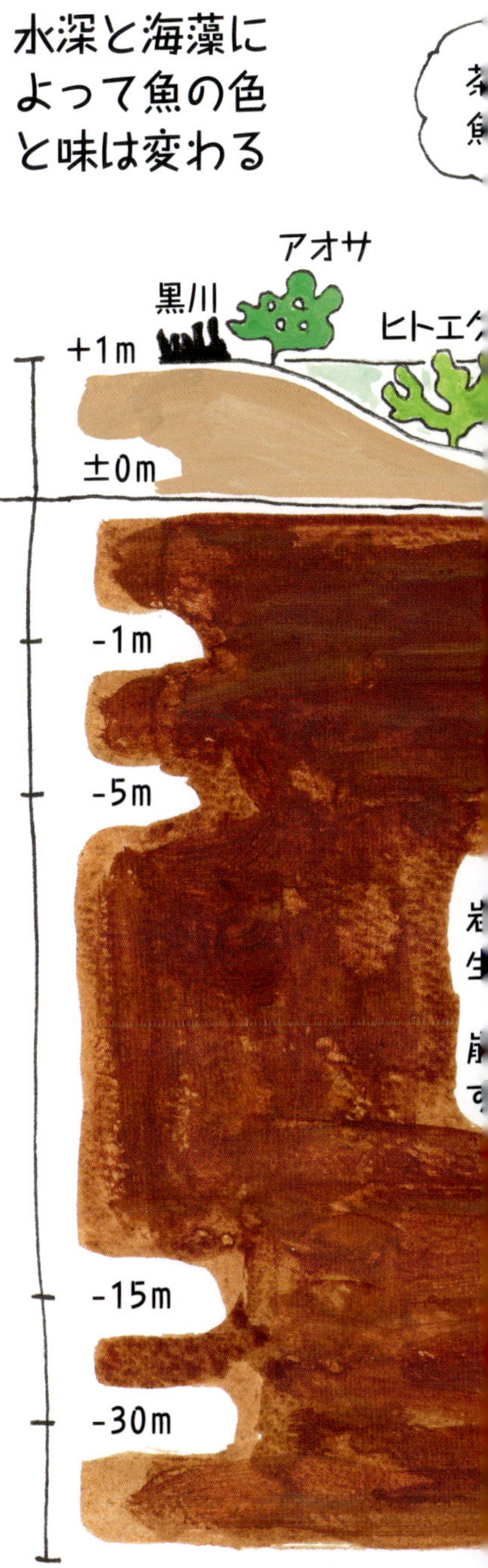

吉川誠さんのフィールドデータより

# 海の味がわかると料理のしかたが見えてくる

ワラサと月の雫の塩とシチリアのオリーブオイル

佐渡沖から鳥海山の沖の間でとれるワラサや、それが成長したブリは、魚の皮と身の間から「ウリの香り」がします。私はこの海域だけが持つ魅惑の香りを最高に楽しんでいただくための料理を考えました。使う調味料は、塩とオリーブオイルのみ。

塩は新潟と山形の県境にある塩の工房にお願いして作ってもらっている、満月の夜明けに海水をくみ上げて薪《まき》を燃やした釜でゆっくり煮詰めて作った塩。

満月の夜の海水はいつもよりもミネラル含有量が高くなるので、ワラサが泳いでいた海の成分が最も凝縮された塩が出来ます。

魚は育った海の塩を使うと、不思議なことに鮮度を取り戻します。この塩を庄内浜のワラサにふると、ワラサの体の細胞が目を覚まし、ウリの爽やかな香りがよみがえってくるのです。

オリーブオイルは、イタリアのシチリア産のものです。このオイルの特徴は青草の香りです。ウリの青っぽい香りに似ていたので選びました。

こうして出来た料理は、フルコースの一番最初のひと皿、「ワラサと月の雫《しずく》の塩とシチリアのオリーブオイル」。

これ以上何も足しても引いてもいけないという、究極のひと皿。

このワラサのひと切れを、一口大に切って口に含むと、舌の体温でオイルが温まり香りが立ち上り、次に噛んで押しつぶされていくワラサからウリの香りが現れ、鼻の奥がこの二つの香りで満たされ、庄内浜の風景が頭に浮かぶ、というシナリオです。

私の好きな味の
魚がいる海!
水の循環
照葉樹林
広葉樹
上流
流れが速いので
水が冷たい　透き通っている
中流
山と海が近い
川が
キレイ!
小砂利
緑
噴水と同じように
山が高ければ海中
から強く湧き出る
岩の色で
生える海藻が
分かる
波が砂浜に
打ち寄せて…
波が引く時に浸透した
海水が砂でろ過されて
海中に湧き出る
太陽の光は
水深7mの所が光合成
良いように感じる

# 餌によっても変わる魚の味

魚の味は食べている餌によっても変わります。

太平洋を北上するマグロはイワシを食べ、アジを食べ、三陸沖のあたりからサンマを食べ始めます。

イワシをたらふく食べたマグロは、身の中にやや渋くて酸っぱいような青魚の味があります。

こんなマグロには、イワシと相性の良い素材を合わせると、マグロの中のイワシの味が引き出されておいしさが増します。例えばフェンネルなどです。

さらにサンマを食べ始めたマグロは、サンマの脂肪分をたくさん取り込みますから脂が乗ってきます。料理するときにはオイルを控えても十分食べ応えのある味になります。

一方、日本海側を北上するマグロは、初めイワシやアジを食べていますが、夏は能登半島を過ぎた辺りからイカが出始めるとイカの群れを追いかけてさらに北へ向かい、イカが主食になります。すると一気に大きく成長します。

こんなマグロは、イカの味のするマグロです。マグロにイカと相性の良いズッキーニと

マグロという名のイワシの味を持つ魚

マグロという名のイカの味を持つ魚

ルッコラを合わせたひと皿が、最高にマグロをおいしく感じさせてくれます。

普通ならあり得ない組み合わせですが、マグロの中にあるイカの香りと味がその組み合わせを可能にしてくれるのです。

このように、魚の捕らえられた場所や食べていた餌を手掛かりにすると、個体別の相性の良い食材の組み合わせが見えてきます。

魚の食べている餌によっては、本当の意味で相性のよい食材は、一般的に合うとされているものとは違う場合があるのです。

先入観にとらわれずに自分の感覚を信じて料理をすると、こんなふうに可能性はどんどん広がっていきます。

さて前出の、佐渡沖から鳥海山の沖までの間でとれるワラサはなぜ「ウリの香り」がするのか。

ちょうどこのエリアは暖流と寒流がせめぎ合い、海中の山が幾つもある場所です。そのためにこの海域はプランクトンが独特な生態系を生み出し、私の予測ですがキュウリの香りのする「キュウリエソ」が多く生息し、そこからの食物連鎖の影響ではないかと思います。

私にとっては世界で唯一無二の、宝物のような海域なのです。

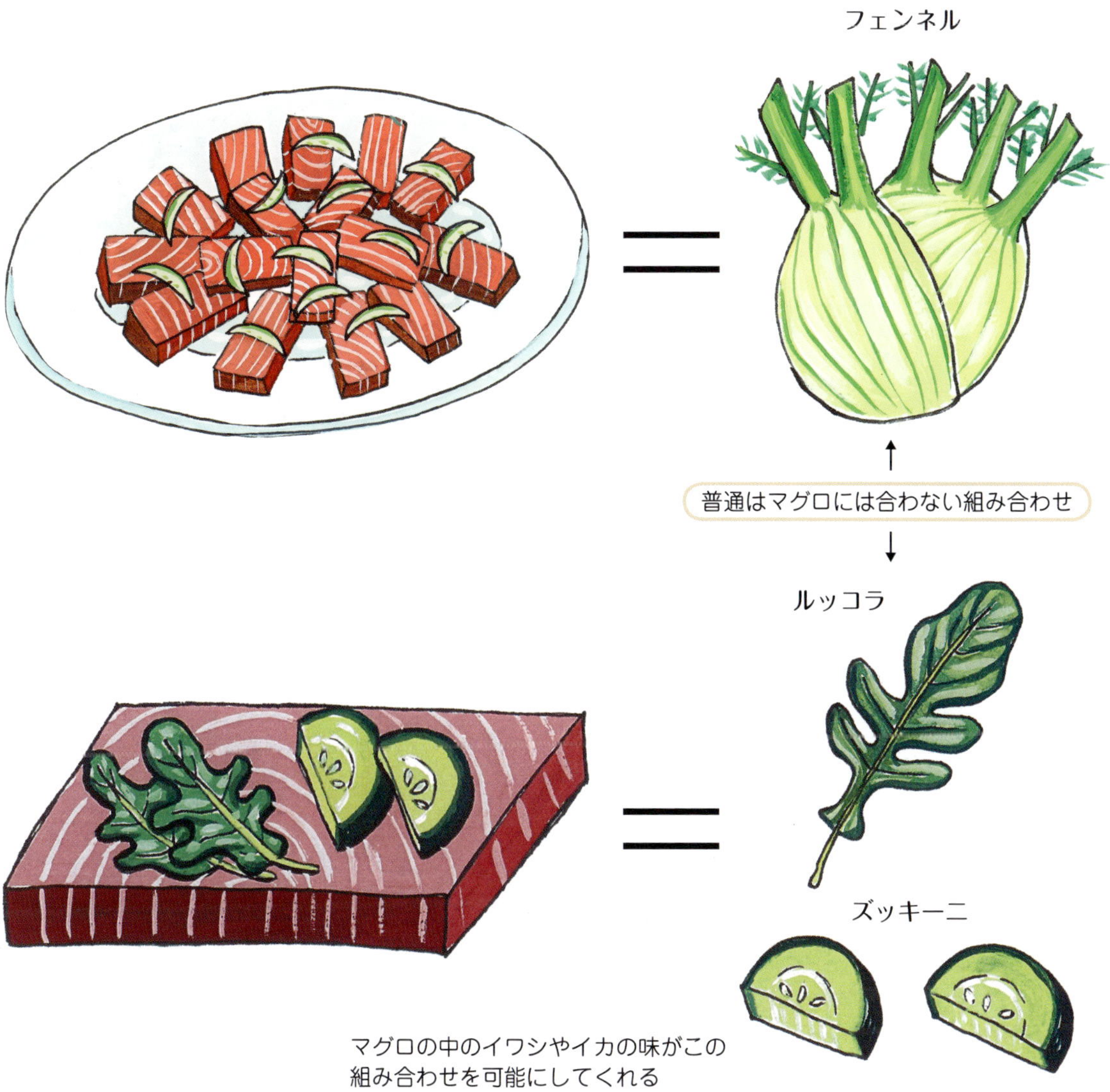
フェンネル
普通はマグロには合わない組み合わせ
ルッコラ
ズッキーニ
マグロの中のイワシやイカの味がこの
組み合わせを可能にしてくれる

# 魚の声を聴く

魚を料理するとき、初めにすることは魚の味の特徴を正しく捉えることです。

全ての知識を捨てて素直な気持ちで切り身を一切れ食べてみます。

舌の体温によって切り身の温度が徐々に上がると、味と香りも変化します。

最初に感じるのは魚そのものの味。私はこれを遺伝子の味と呼んでいます。その味の下には、育った環境による味が潜んでいます。時間がたつと環境による味と食べている餌の香りがしてきます。

これが味の因数分解。新しい料理を考える手掛かりとなります。

味を分析した後は次の順番で料理を構築していきます。

①魚と共通する味を持っている塩を選ぶ。
②魚の持っているコクのレベルを測る。
③魚のコクや香りから合わせる野菜を選ぶ。
④最も適した熱の加え方と温度を導き出す。
⑤調理した魚と野菜と塩を口に入れて、素材のバランスを測る。
⑥味を一つにまとめるものを選ぶ（オイル、酢、とろみ、コク、甘味など）。

## 魚は人の手の中で傷み始める

魚は、共食いをします。

調理場で仕入れた魚をさばいていると、時々アンコウのおなかから小さなアンコウが出てきたり、サバのおなかからサバが出てきたりすることがあります。

そして魚は、他の魚に食べられたときに潔く自分の身を溶かすことがわかりました。

食べられた方の魚は、おなかに飲み込まれるとタンパク質分解酵素を自らの体から出すのです。

そのような自然の摂理がありますので、魚は温かさに触れると急激に傷み始めます。

ですから手の温かい人が魚を調理すると臭くなります。私の店にもそういうスタッフがいます。魚調理に向かない手、というのがあるのです。

臭みが出てしまったときには、
①取り除く（よく洗う）
②覆い隠す（臭みより強い味付け）
③中和させる（日本酒か酢）
の三つのうちどれかを選択するしかありません。

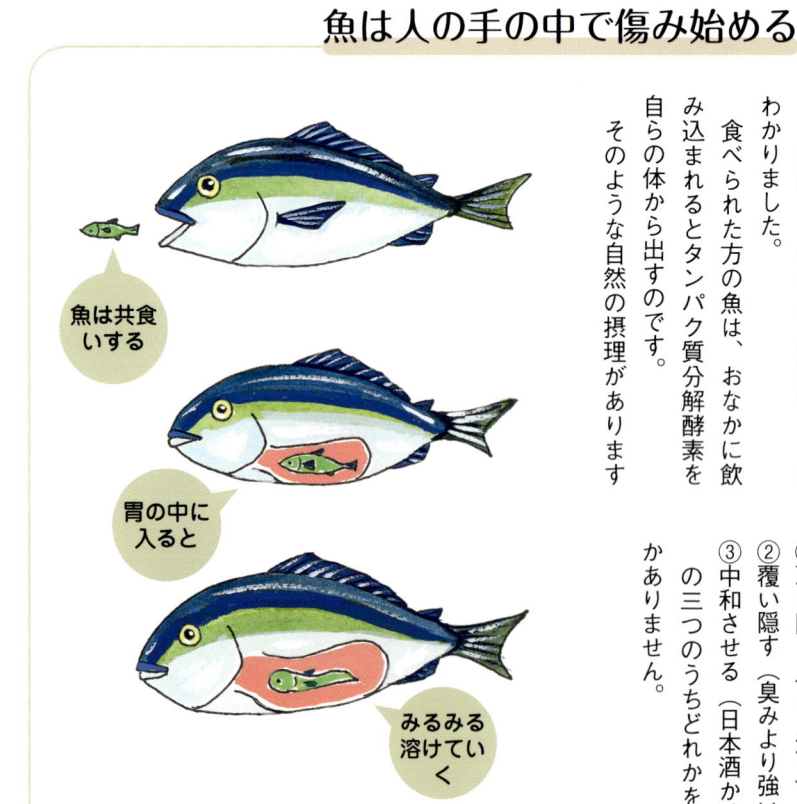

魚は共食いする
胃の中に入ると
みるみる溶けていく

だから生きていた時より温かくしてはいけない
おろすときには胃液が身に付かないように胃袋を破らないように気を付ける

## 魚の扱いかたの違い

### 魚の皮目の香りを嗅ぐ

#### 新鮮でないもの

生臭い臭いがする

嫌なぬめりが残っているか確認

ウロコをよく落とす

氷を張った塩水でよく洗う

調理は全面に焼き色を付けて焼く

ソースを考える

#### 新鮮なもの

心地良い香りや潮の香りがする

深く香りを嗅いで育っている
海の環境を探る（海藻、岩、砂など）

小さなウロコはきれいに取らない
真水にあてない

魚の口を開けて香りを嗅ぐ
普段食べているものの
エッセンスがわかる

頭を落とす

胃袋を取り出して食べたものを見る
何もないときは胃袋の香りを嗅ぐ

魚がすんでいた水温以上に身の温度を高くしないように素早くおろすか氷水を張ったバットにあてながら作業する
洗うときは魚がすんでいた塩分濃度の冷たい塩水を使う

# 良い魚の見分けかた

魚も野菜と同様に、個体の一つ一つで味が違います。

自然の摂理の中では、生き物はどんなものでも生命力の強いものほど味わい深く、栄養も多くあります。

ですから魚市場でたくさん並ぶタイの中から、飛び切りおいしい一匹を手に入れるには、その中で最も生命力の強いタイを選び出せばよいのです。

右の写真を見てください。2匹のタイが並んでいますが、見た目に違いがあるのがわかりますか。

生命力の強いタイとは、縄張り争いに勝ったタイです。

タイは主に岩場などの浅い海の下層に生息しています。浅過ぎず深過ぎず、新鮮な海水が通り、程よい日差しが差し込み、海藻の種類も量も豊かで、海流の激し過ぎない所です。

強いタイは見渡しのよい餌の豊富なところを縄張りとしています。

餌を探して目をぎょろぎょろ動かしていますので、瞳が大きく、キリッとした顔つきをしています。

自分の縄張りにほかの魚が餌を食べにやって来ると、ビュッ、ビュッと機敏に身を翻して、真っ正面から向かっていきます。ですから強いタイはおでこが張り出しています。

また、そういうタイは餌をとるのも上手です。岩場や海底を上から見渡し、エビを見つけると、尾びれでワンキック！　エビに向かって急降下し、ほかのタイよりも先に餌に食いつきます。

このため、尾びれの上の方が下側よりも長くなっています。

泳ぐのも速いので、体の表面のぬめりも強いです。ぬめりが多いほど水の抵抗が軽減されるからです。

ウロコの色も違います。好物のエビを十分に食べていますから、ウロコの赤い色が鮮明で艶があります。

一方の縄張り争いに負けたタイは、餌が豊富な下層から追いやられて海面に近い上層を群れてうろついています。

ですから太陽の光を浴びて日焼けするためウロコが薄黒く、瞳の黒い部分が小さく、何となく顔つきもやさぐれています。

スズキなら縄張り争いに勝つものは体表が緑っぽくなりますし、群れで泳ぐサンマは群れの先頭を泳ぐ強いサンマのおでこが出ています。

こんなふうに、魚のすんでいる所と生き方がわかると、魚屋に並ぶ魚を見ただけで強かった魚か弱かった魚かがわかります。

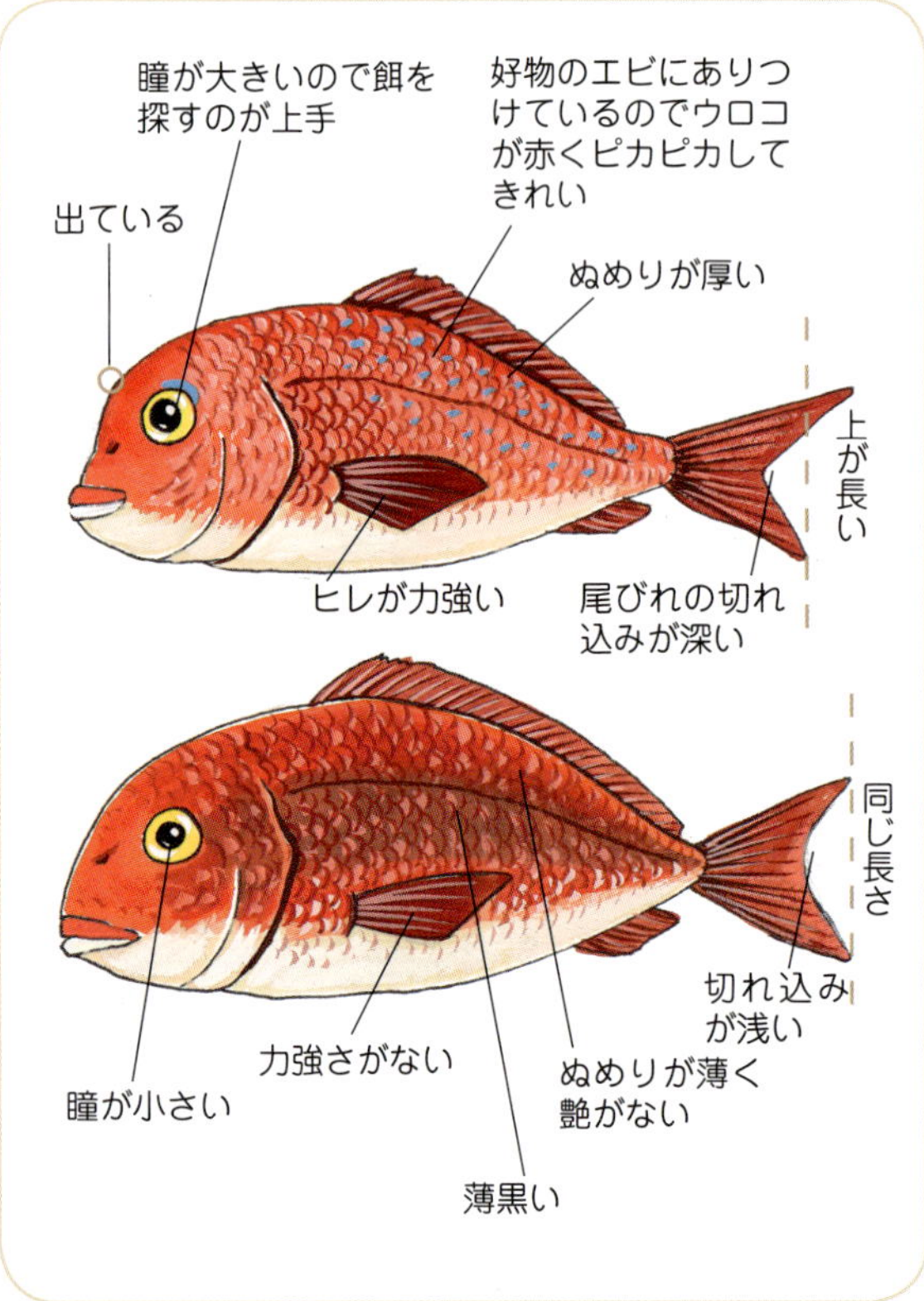

ここまでわかるように
なると魚を見てすんで
いる所を想像できます。

# 動物を飼い育てて食べるということ

太古の昔から人間は狩りをして動物の肉を食べていましたが、とれたりとれなかったりしたものですから、そのうちおとなしい部類の動物を飼い育て、食料とするようになりました。

それが牛であり豚であり鶏なわけです。

地球上の獣の数からいえば家畜化できたのはほんの一握り。海外と日本を比べると、長い歴史の中でどんな食べ方をするかで飼い方が違ってきているのがわかります。

西洋では、肉は焼くことに重きを置いています。

家畜は放牧が主体で、味に個性や主張がある方が良しとされ、野性味が残るものが評価されています。焼いて旨味の強くなる赤身の肉が主流です。

さらに冬にはジビエを食べます。自然界でサバイバルしてきた力強さを持っているので、ひと皿食べるともう十分というぐらい味もエネルギーも凝縮されています。

これに対して日本では煮ることを基本に肉質作りをしてきました。すき焼きやしゃぶしゃぶといった食べ方では火を入れても軟らかい、肉の中に脂の入ったものが好まれました。

野性味の癖のない軟らかいものがおいしいとされ、家畜は屋内で飼うことが基本となりました。

このような背景のもと、現在の日本では洋食には癖のある肉、和食には癖のない肉が多用されています。

私も修業時代からそのように習ってきましたので、以前はそのセオリー通りの料理をしていました。

ですがあるとき、そうした固定観念を覆す肉に出合ったのです。

それはある常連のお客さまが持ってきた羊の肉でした。

「これいい肉だよ。料理してみてよ」

私は肉の塊を受け取って厨房に入り、ああ羊か、臭みを消せるハーブ

運命的に出会った羊の生産者の丸山光平さん。この出会いがなければ今のアルケッチァーノはなかったかもしれません。丸山さんに初めてお会いしたとき、売れないのでもう羊の生産はやめると聞いた私は、気がつくとその肉を持って深夜バスで東京のレストランに売り込みに向かっていました。売り先を少しずつ開拓するにつれ、評価がどんどん高まっていきました。するとあの日青白かった丸山さんの頬《ほほ》がどんどんピンク色に変わっていきました。それを見て私は、自分の気持ちが温かくなるのを感じて、自分の幸福を知ることができたのでした。丸山さんは私に本当の幸せを教えてくださった人生の先輩です。

は冷蔵庫に何があったかな？　などと考えながら、一切れその肉を切り取り生のまま口に放り込みました。

　そして一口噛んだその瞬間、体中に衝撃を覚えました。

　羊肉特有の鉄っぽい味はしっかりとありながら、臭みや加齢に伴う嫌な味が全くしません。一瞬「これは本当に羊だろうか？」と思うぐらい羊特有の嫌な癖がないのです。

　歯応えも、噛み始めは歯に心地良い弾力ですが、噛み進むと軟らかく口の中でほどけていきます。

　その羊は、それまで食べたどの高級羊肉とも違った、上品な肉でした。

　これが丸山光平さんの羊との出合いです。

　後から飼育の現場を見に行ってわかったことですが、丸山さんの肉の味の秘密は餌にありました。鶴岡特産のだだちゃ豆を食べさせていたのです。

　丸山さんはだだちゃ豆の加工工場から、豆が抜かれたさやの廃物をもらってきて羊たちにほぼ毎日食べさせていました。さやの中には小さくて商品にならない豆もずいぶんたくさん残っています。

　このだだちゃ豆が活性酸素の働きを抑えてくれ、羊特有の臭いが全くしないのです。

　また豆はイソフラボンを含んでいて、肉をふっくらとさせる作用があります。

　そして飲んでいる水は羽黒山の雪解け水が流れ込んだミネラルたっぷりの地下水。

　夏の期間は広い牧草地で自由に駆け回りながら新鮮な草を思う存分食べています。

　私がこの経験から得たのは、動物の肉は、標高350m〜500mにいる家畜は良い肉質になり、さらに「出荷直前に食べていた餌」と「水」によって味が大きく左右されるということでした。

　それから私は自分が使う肉は必ず、その生産されている現場に足を運び、どんな飼料を与えられているかを見ることにしました。

　そして固定観念にとらわれず、肉が味で訴えてくる、生きていた時の姿を頭に思い浮かべながら料理を考えています。

北海道せたな町で酪農とチーズ工房を営む村上健吾さんのチーズが私は大好き。ヨーロッパのチーズのような濃厚な味わいがあります。その訳は海の向こうから放牧地を照らす夕日にあるそう。北緯 42 度のせたな町は赤の波長が北半球で最も長い時間当たり、この光が牧草の抗酸化物質を増やし牛乳の質が高まる、さらに夕日が当たる所はチーズの発酵が促されるといいます。
牧草はさまざまな種類が混植され、土には団粒構造が形成されています。これは微生物がたくさんすんでいる証し。フンが落ちた所の草はチッソが多いため濃い緑になりますが、苦いので牛は食べ残すのだそうです。

# 見かた

フランスのヤギ
のチーズでシェーブル
名乗れるのは標高
00m以上
山羊
=
山の羊
標高1000mを
超えると植物の
植生が変わる
滋養分
も上がる
乳用種にとって
は標高が1000m
を超えると良い!
デール
チェビオット
種類いっぱいある
味を覚える
アブがいるとストレスから
乳量少なくなる
もともとは
「蓄え貯蓄」
畜産品
家畜
人間が飼いやすいように長い歴史の中で
人間の都合の悪いものを取り除かれたもの
西日が
牧草に当たる
と発酵を促す
西日の当たる
斜面
「はな丸」
カなどの
虫類少なくなる
1000m
550m チャンピオン牛が選ばれる
確率高い
350m〜550m 気圧と風が良い
標高
ジビエ野禽
サバイバルしている肉
イノシシ
シカ
野ガモ
キジ
野ウサギ
450m
クマ
山鳥etc.
飼料を見る
一番増体する!
○トウモロコシ　一番人間好み!　タンパク質の
比率高い
○麦　脂が白くなる
○大豆(おから)
タンパク質・脂質・筋肉を増やす
動物タンパク質
良くなる
与え過ぎると肉がアズキ色に
まる!
臓廃棄率
くなる
発酵飼料→内臓良くなるからレバー旨い!
(新陳代謝よくなる)
どの配合かで
考えかたが
見える
飼料
・旨味
・脂質
・バランス
・歩留まり
重視
豚
鶏
勿
消化できない
米の殻　×
も育つが
は入らない
見では分から
で与える餌を
る!
米・麦
・トウモロコシが良い
ワラは
栄養価低い
殻の色は羽毛の色
消化できる
玄米　○
わら　○
シャモ系
ブロイラー
銘柄鶏
空気がとどまって
いないこと!
ハエいな
いと
生産者独自の
工夫あるか?
下の土
乾いて
いるか
一頭一頭のスペースが広いと
ストレス少ない
動くので肉赤に近くなる
広いと病気にかかりづらい
ヨークシャー
デュロック
ランドレース
黒豚
交配を聞く

# 畜産動物の

グラスフェッド
牧草による味の特徴
オーストラリア＝乾季と
雨季→乾いた草と青葉
ニュージーランド
→一年中青草
瞳きれい
人懐っこいか？
肉用種
牛
和牛
黒毛和牛
褐《あか》毛和牛
外国種
アンガス牛
etc.
日本短角牛
無角和牛
黒毛和牛×褐毛和牛
乳用種
ホルスタイン
ジャージー
サフォーク
北国に
向いてい
ブラウンスイ
4月 ケンタッキーブルーグラス 多
5月 オーチャード 多
6月 クローバー
牧草の見かた
イネ科
マメ科
タンパク質多い
栄養バランス良い
酸性
土壌
中性
土壌
弱アルカリ性
土壌
牧草
どこの国の牧草を入れて
いるかで生産者の考え見
える
牛舎の中の
環境
匂い
水
摂取カロリー低いと増体するのに時間がかかる
4カ月前
3カ月前
2カ月前
1カ月前
穀物を与えて
食肉処理す重量になるまでの月数
コーンを与えると甘みと香り出てくる！
反す
牛・
草た
サシ
肉質
な

# 肉の見極めかた

肉の見極めかたは、色から入ります。

よく動く生き物は肉の色が赤く、あまり動かない生き物は白い。そしてよく動く生き物の方が、肉の中に味の数が多いのです。

さらに一匹の動物でも、よく動く部位の肉は旨味が強いです。

コクは脂肪の融点によって変わります。脂肪の融点が低いと、コクや軟らかさを感じることができます。

動物の体温は人間よりも若干高いので、人間に近い体温であるほど、口の中で脂肪が溶けやすくなります。

脂肪が溶けたときに舌の上に香りが出るのに加えて、舌に脂が触れたときにこれはエネルギーになるものだと脳が判断するために「おいしい」と感じます。

経験的に標高が高い所で育った家畜の肉は、融点を低く感じます。寒いと動きが鈍くなって脂がたまりやすく、特に皮下脂肪が付くのと、恐らく平地の家畜より体温が若干低いのではないでしょうか。舌に感じる脂肪の滑らかさのきめが細かいので、私は好んで使っています。

## 牛の目利き

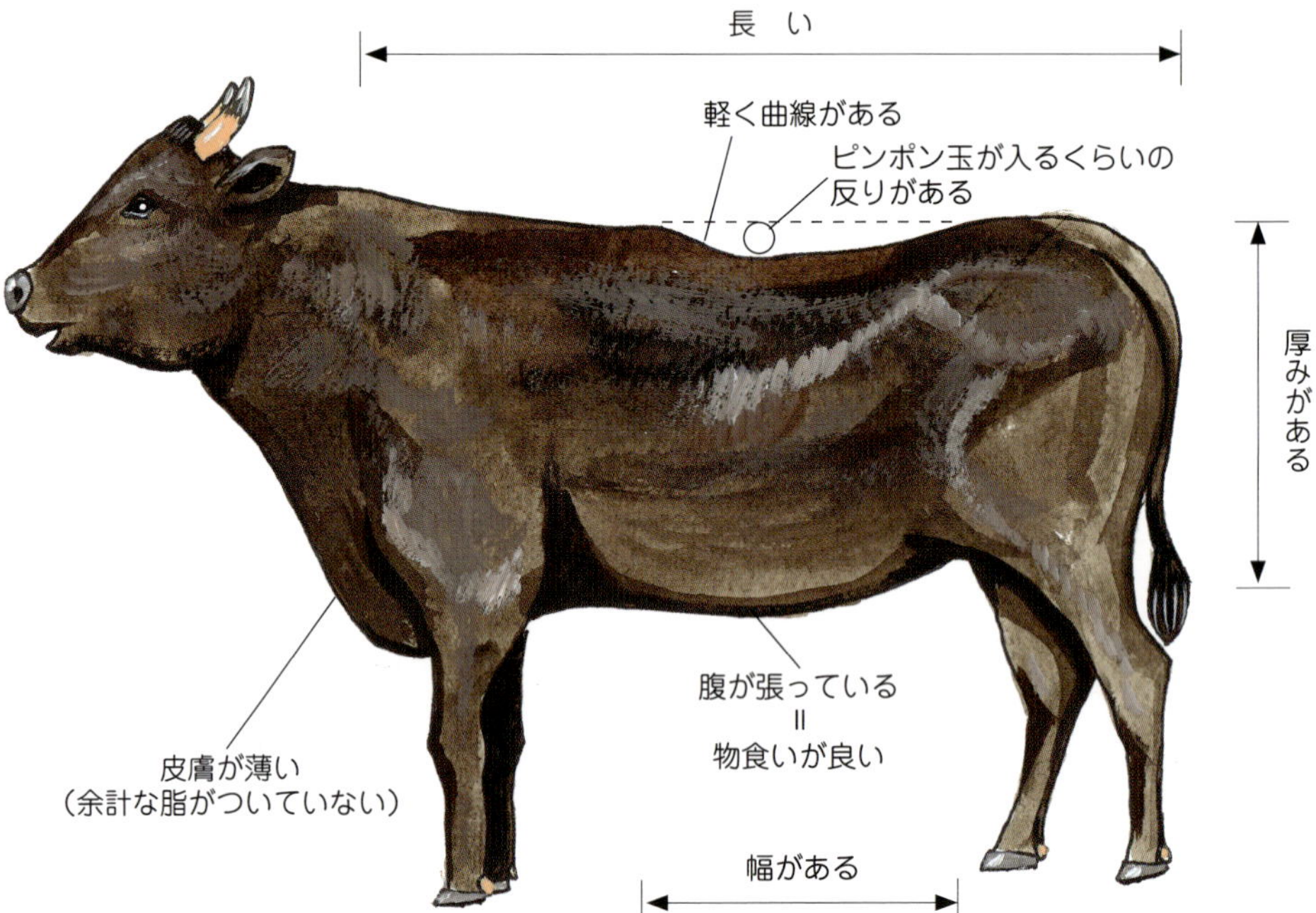

骨太
顔に品格がある
毛並みがピカピカしている
形がキチッキチッ┌┐としている
種の体形を受け継いでいる
瞳が澄んでいる（健康）
人懐っこい（愛情を受けている）
踏み込みが良い

あまり動かない肉
密集度が高い
飼料
血液の点がある
ストレスかかった証拠
食肉処理されるときに力んだ
激しいけんかをした
味が単調
ソースや香辛料が必要になる
よく動いている肉
伸び伸びと動ける
飼料
赤に近く血液の点がない
味の数が多い
ソースなしでおいしい

# 肉は脂肪の味から付け合わせを考える

一般的なイタリア料理では、肉料理といえば皿の上に肉の塊がどんと乗って出てきますね。

アルケッチァーノでは、必ず相性のよい野菜と一緒にお出ししています。

しかも野菜の内部温度が43度以下になるように調理し、消化酵素を失わせないようにして、肉と一緒に食べていただきます。

これはライオンの食べ方を元にしました。

ライオンは獲物を捕まえると、その獲物がそれまで食べていた草がぎっしり詰まった腸から食べ始めます。そして肉を食べた後にも草を食べています。

言うなればライオンも肉の付け合わせとして野菜を食べているというわけです。

肉の付け合わせを考える際には、脂身の香りをポイントにします。

動物はその肉に付いている脂肪の中に、食べているものの味や香りがかすかにします。

味を見るときには、必ず脂肪の付いたところを薄く一切れ切り取り、舌の上に乗せます。

舌の体温で脂肪分がだんだん溶けてくると同時に、そのものが食べていた餌の味がします。

この餌と同じ味や香りの野菜やハーブを持ってくる、あるいは餌の香りと相性のよい付け合わせを持ってくると、香りの相乗効果で肉をさらにおいしく食べることができます。

羊とカモミール

乾いた牧草を食べた羊には、黄色くて乾燥させたカモミールの花のお茶を合わせると羊肉の中にある干し草の香りが、カモミールティーの温かさに乗って浮かび上がってきます。

羊とアイコ

だだちゃ豆を食べている羊には、添える野菜がだだちゃ豆だと芸がないので、だだちゃ豆と似たような味を持っている山菜の女王のアイコを合わせると、抜群のおいしさとなります。

# 肉のおいしさ

## 食感によるおいしさ
- 硬さ、軟らかさ、保水性は餌と運動量で変わってくる
  - → 脂肪の量と温度の関係によって、軟らかく感じたり硬く感じたりする

## 調理によるおいしさ
- 加熱
  - → 肉の中の1000ほどある化合物が加熱で関与し合い、イノシン酸などの旨味成分が増加
  - → 肉が最も軟らかくなるのは内部温度が45〜50度で、70度前後で最も硬くなる。その後長時間加熱や圧力鍋による加熱で再び軟らかくなる
  - → 加熱によるメイラード反応で香ばしさが生まれる 見た目もおいしそう
- 非加熱

## 香りのおいしさ
- 脂肪から立ち上ってくる香り
  - → 肥育されていた時の餌で焼いたときの香り変わる
  - → 良い熟成肉は焼いたときにナッツ系の、良い生鮮肉は煮たときにトウモロコシのような香りが立ち上る
  - → 和牛の脂は80度で甘い香りが最も強く出てくる
  - → 加熱によるメイラード反応で香ばしさが生まれる 見た目もおいしそう

## 味のおいしさ
- 赤身
  - 生鮮のおいしさ
  - 熟成のおいしさ
  - → 肥育されていた時の餌や食肉処理後の熟成により焼いたり煮たりしたときに感じる旨味が違ってくる
    - → 良い熟成肉は焼いたときにナッツ系の、良い生鮮肉は煮たときにトウモロコシのような香りが立ち上る
    - → 成長していくとイノシン酸が増える
- 脂
  - 新鮮なおいしさ
  - → 脂肪の融点が低いほど、コクと軟らかさを感じる

## 見た目によるおいしさ
- 香ばしそうな茶色
  - → 加熱によるメイラード反応で香ばしさが生まれる 見た目もおいしそう
- 生鮮の赤色

## 肉と塩の関係
- 塩は肉のタンパク質の結合を緩めるので保水性が増し、加熱した際に軟らかくなる
- 肉のタンパク質が塩によって変化するとイノシン酸がグルタミン酸（旨味成分）に変わる

# 味の分析のしかた

私たちは、ほかの生き物の命をいただくことによってしか生き永らえることができません。

「いただきます」

この言葉に全てが込められています。

料理をするに当たり、生きているものの生態を学ぶことは、命を尊重することでもあります。

自分と同じ生き物として見る。

どんな土、どんな所で生まれ、何を食べ、何を感じて生き、次の命をどう育もうとしているかをわかって食べることが、命を尊重することだと思うのです。

生き物の命を一番ダイレクトに感じるのが「味」です。

味を分析できる能力が高いほど、よりおいしい料理を作ることができます。

一番初めに味見をする時に、これは食べられるものか食べられないものかを判断するところの感覚を持って味見をすると、普段はわからない味を判別できるようになります。

そして味を分析したら、それを感謝して受け止めていただくこと。

その味から感じたことを料理で表すことが、頂戴した命に成仏していただくことだと思っています。

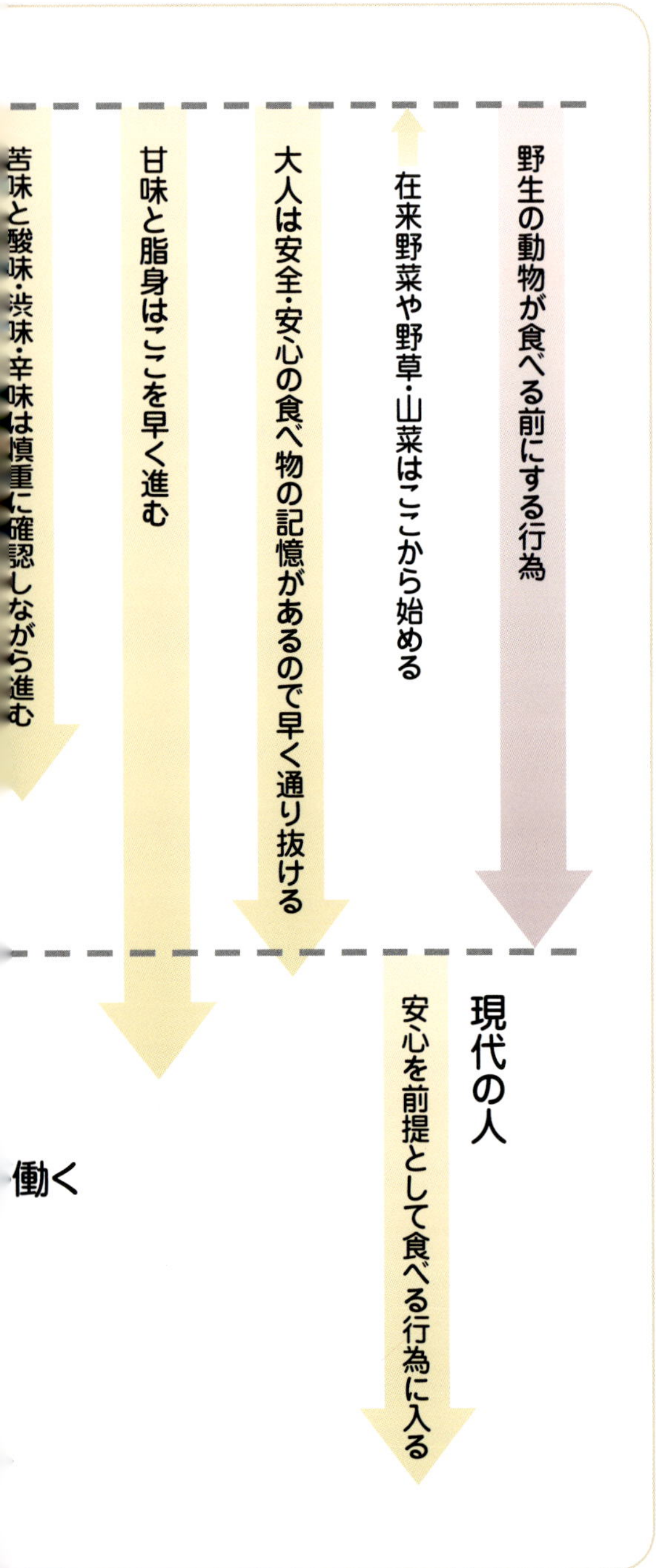

野生の動物が食べる前にする行為
在来野菜や野草・山菜はここから始める
大人は安全・安心の食べ物の記憶があるので早く通り抜ける
甘味と脂身はここを早く進む
苦味と酸味・渋味・辛味は慎重に確認しながら進む
現代の人
安心を前提として食べる行為に入る
働く

## 出発点に立って味を感じ取る

この食べ方で注意深く食材を食べると、今まで気が付かなかった味を感じ取ることができます

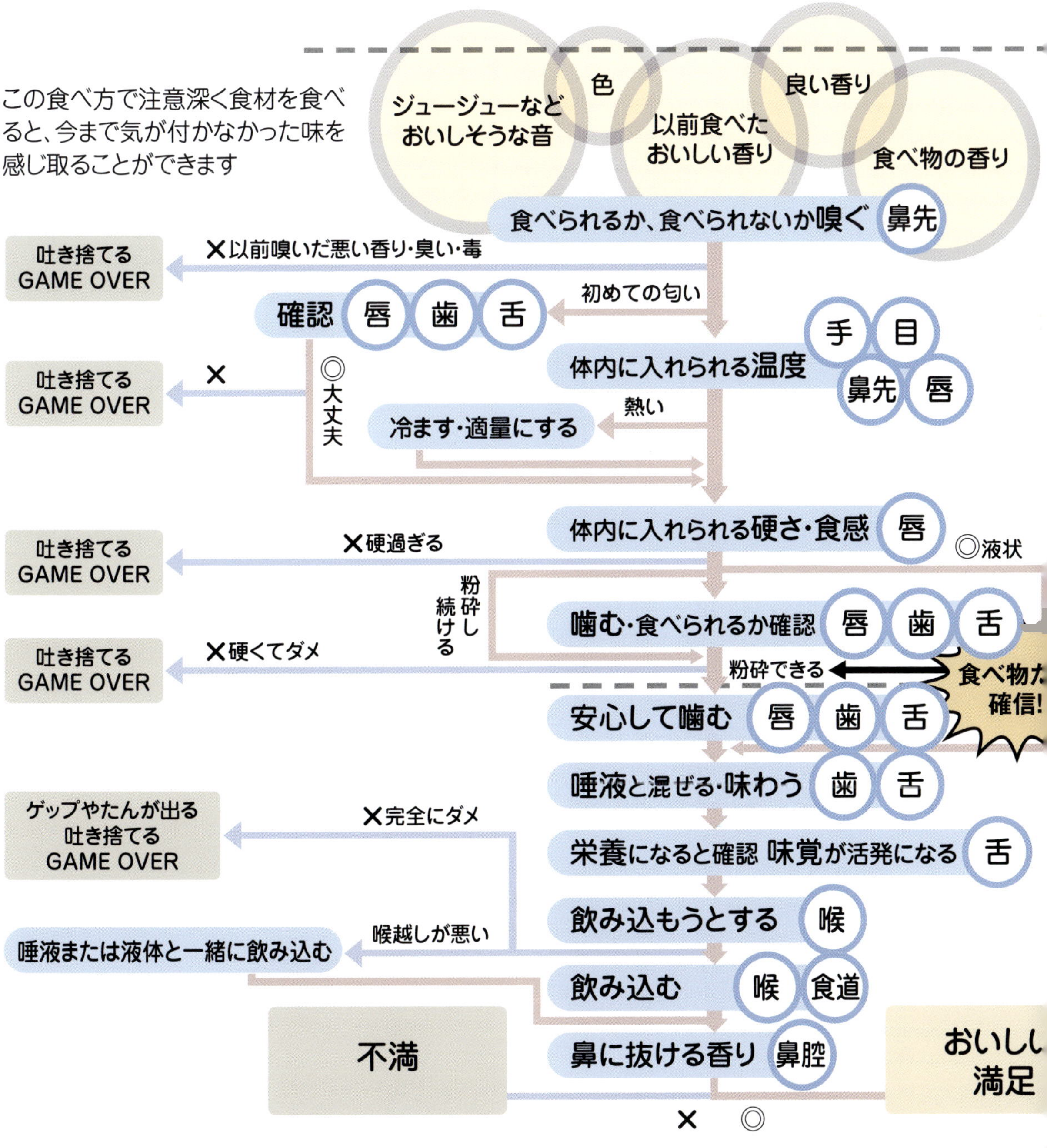

# 第3章　アルケッチァーノの味の作りかた

地球上の生きとし生けるものと
人をつなぐのが料理
命のささやきを感じてほしいから
私は食材で味をつくる

相互に高め合う
相性のよい食材を見つけ出し
最適な形の切り方で
最適な温度の熱を加えて

素材の香りと味を尊重し
透明感のある
後味のよいひと皿を

あの食材に
もう一度会いたいと思うような

# アルケッチァーノの料理の考えかた

生きている物の命を鎮め、最適な調理をし、何と組み合わせるかを究極まで追求しているのが私の料理です。

ひと皿に使う食材の数はなるべく三つまで。二つ、ときには一つのこともあります。

皆さんは野菜炒めを作ったことがありますか。

ニンジン、タマネギ、キャベツ、モヤシ、ピーマン、豚肉、味付けは塩とコショウと少しのしょうゆでおいしい野菜炒めが出来ます。

もしこの中から三つの食材だけを選んで野菜炒めを作るとしたら、皆さんはどれを選びますか？

味に特徴のある野菜だけを選ぶ人もいるでしょう。ニンジン、タマネギ、ピーマンだけでも野菜炒めになります。

動物性タンパク質の旨味は欠かせないと考える人もいると思います。豚肉を選び、相性のよいキャベツとタマネギを合わせようとか、豚は黒豚にして味わいを高めようとするかもしれません。

塩ではなく、調味料で味をまとめようとする人も出てくると思います。ソースやタレはいろいろな食材を煮詰めて作った味の玉手箱ですから、ソースの旨味を借りて甘くない野菜の味を補おうとするのもわかります。

さてそれで、野菜の特徴を伝えられているでしょうか。

私ならば、ニンジンだけで作ります。厚さ1・3センチの輪切りにし、弱火で片面を3分半ずつ焼き、最後にニンジンの甘さを引き立てるためにほんの少しの塩をふります。

野菜の個性を生かした心地良い苦味と甘味の究極のニンジン炒めです。

アルケッチァーノがしてきたことは、つまりはこういうことです。

「いつもは野菜炒めで食べていた野菜の一つ一つを、もう一度自然の摂理から見直し、その持ち味の特徴を際立たせるようにシンプルに料理をして、それぞれを主役にする」

ソースやタレなどの調味料で味付けするのはたやすいことです。

でもそれでは食材の持ち味が別の味で覆い隠されてしまい、それぞれの食材の狙いや個性が全く感じられない料理になります。

私は庄内の自然やこの地域の人々が培ってきた食文化を味で表現したかったので、食材の味がわからなくなるソースを封印しました。

食材は、例え同じ品種でも生産者が変われば味が変わります。

庄内の食材が魅力的なのは、生産者の一人一人が、誇りを持って食材作りに取り組んでいるからです。

そうした魅力的な人たちが手塩にかけて育ててきた魅力的な食材にスポットライトを当てて、食の都という魅力的な国を造ってみんなから認めてもらいたい。

私の願いはただその一点でした。

そのためには食材そのものの味をより多くの人たちに知っていただくことが大切だったのです。

生産者の個性を尊重することは、地域のコミュニティーの中でお互いの存在を認め合うことにつながります。そこには安心感と幸福感が生まれる。これが地方再生への道の始まりなのです。

皆さんの地方でもきっとすてきな生産者の方々がいて、たくさんの素晴らしい食材があるはずです。

その食材を見つけ出し、食材を誇りに思い、その魅力を最大限に引き出すことで付加価値を高め、それを多くの人に伝えて求められるものに育てていく。

そうすることでその食材はやがて経済的に地域を支えてくれるものになります。

## アルケッチァーノの料理の考え方

1
生命力を見て食材を選び
2
命を鎮めて可食部分にし
3
それぞれに最適な媒体で
最適な火入れをし
4
共鳴する食材を組み合わせ
5
:
4
5 比率を考えて
OIL
5
1
4
6 自分のエッセンスを入れ
7 的確な塩の量で味付け

## 一般的なレストラン料理

ソース
+
トリュフ
フォアグラ
食材に既存の調理法を選ぶ
味を足していくと舌は旨味としてキャッチするが、自然の素材の味にはかなわない。

# 部位別 適した調理法

牛

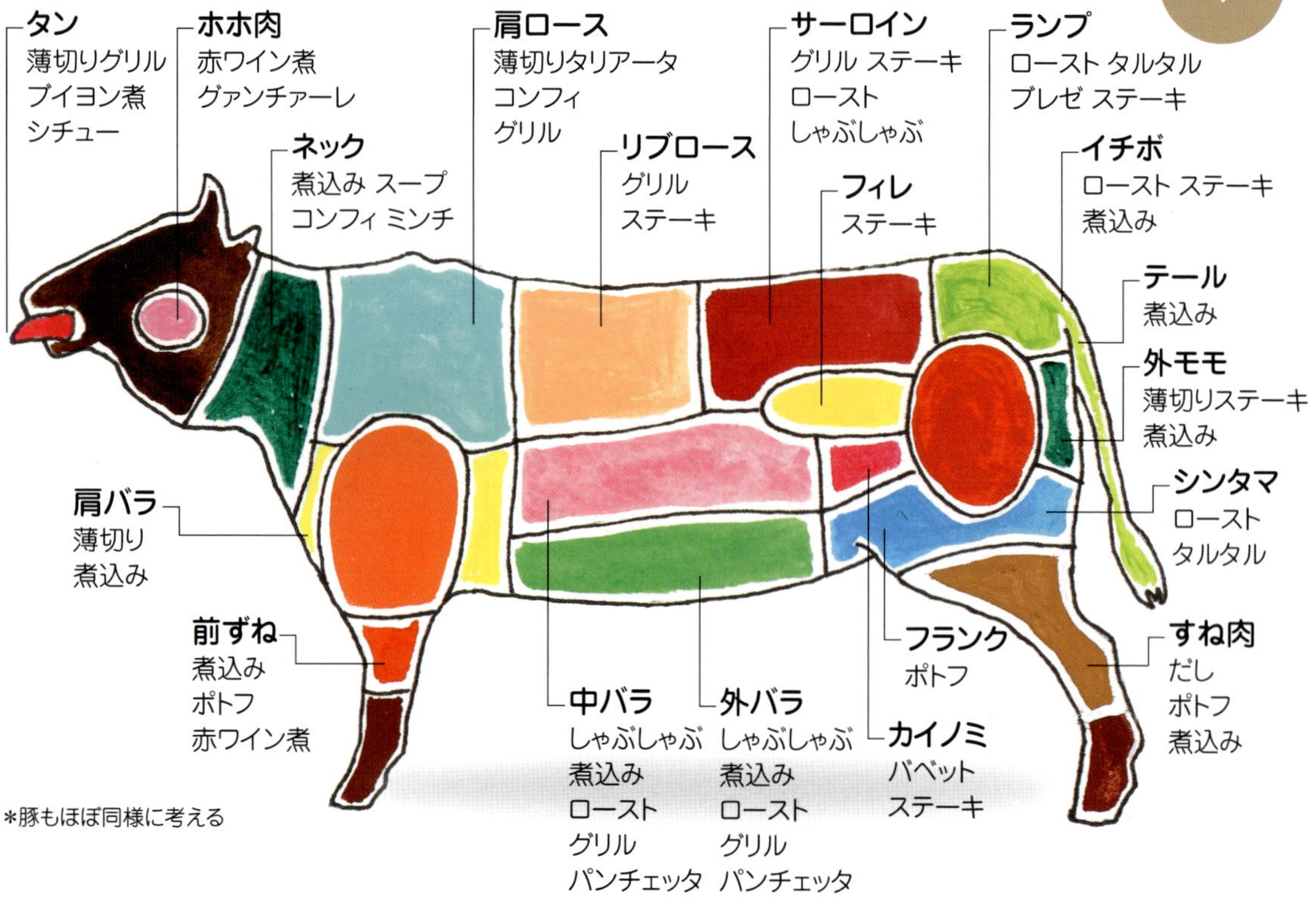

タン
薄切りグリル
ブイヨン煮
シチュー
ホホ肉
赤ワイン煮
グァンチァーレ
ネック
煮込み スープ
コンフィ ミンチ
肩ロース
薄切りタリアータ
コンフィ
グリル
リブロース
グリル
ステーキ
サーロイン
グリル ステーキ
ロースト
しゃぶしゃぶ
フィレ
ステーキ
ランプ
ロースト タルタル
ブレゼ ステーキ
イチボ
ロースト ステーキ
煮込み
テール
煮込み
外モモ
薄切りステーキ
煮込み
シンタマ
ロースト
タルタル
肩バラ
薄切り
煮込み
前ずね
煮込み
ポトフ
赤ワイン煮
中バラ
しゃぶしゃぶ
煮込み
ロースト
グリル
パンチェッタ
外バラ
しゃぶしゃぶ
煮込み
ロースト
グリル
パンチェッタ
フランク
ポトフ
カイノミ
バベット
ステーキ
すね肉
だし
ポトフ
煮込み

*豚もほぼ同様に考える

鶏

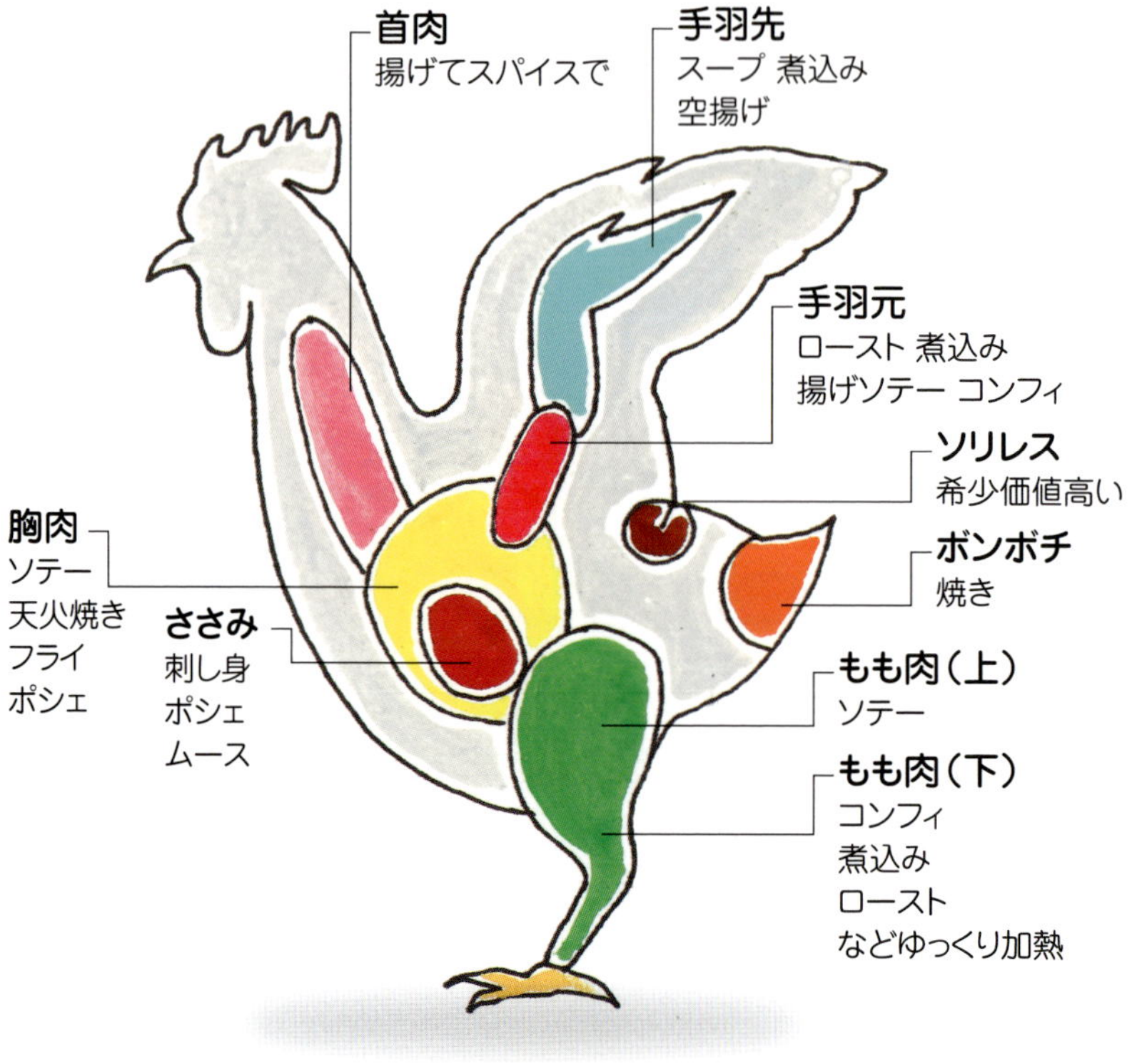

首肉
揚げてスパイスで
手羽先
スープ 煮込み
空揚げ
手羽元
ロースト 煮込み
揚げソテー コンフィ
ソリレス
希少価値高い
ボンボチ
焼き
胸肉
ソテー
天火焼き
フライ
ポシェ
ささみ
刺し身
ポシェ
ムース
もも肉（上）
ソテー
もも肉（下）
コンフィ
煮込み
ロースト
などゆっくり加熱

# 食材は熱媒体によって化けかたが変わる

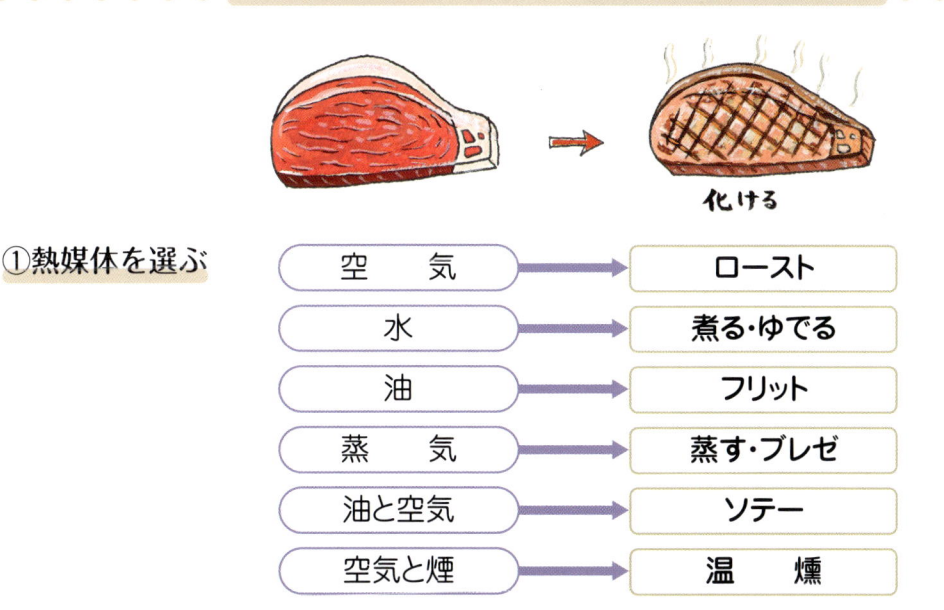

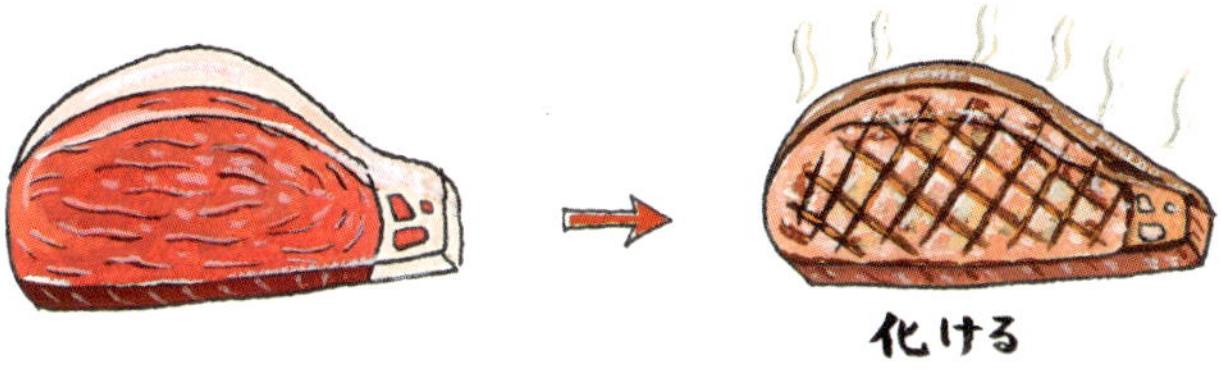


## ①熱媒体を選ぶ

| | |
|---|---|
| 空　気 | ロースト |
| 水 | 煮る・ゆでる |
| 油 | フリット |
| 蒸　気 | 蒸す・ブレゼ |
| 油と空気 | ソテー |
| 空気と煙 | 温　燻 |

## ②加熱温度によって味わいが変わる最適な火入れ温度

| 部　位 | 芯　温 |
|---|---|
| 牛サーロイン | 55～60℃ |
| 牛フィレ | 55～58℃ |
| 豚ロース | 65～68℃ |
| 豚フィレ | 65℃ |
| 羊ロース | 54～58℃ |
| 羊フィレ | 58℃ |
| 羊モモ | 60～64℃ |
| 鹿ロース | 58℃ |
| 鶏胸 | 62℃ |
| 鶏モモ | 68℃ |
| キジ胸 | 68℃ |
| カモ胸 | 58℃ |
| ハト胸 | 55℃ |
| エビ | 77℃からプリッとなる |
| ホタテ | 57℃ |
| 塩でマリネした魚 | 43～50℃ |
| マリネしていない魚 | 60℃ |
| タイ | 57～62℃ |
| 根菜 | 70℃で50分加熱 |
| タマネギ | 90℃ |

### 加熱調理のコツ

**●普通のオーブンを使うとき**
芯温 × 3 の温度に設定する

**●スチームコンベクションオーブンを使うときの温度設定**
白身肉…芯温 +3～8℃
赤身肉…芯温 +8～15℃
肉が大きければ芯温 +45℃
（さらに時間も長くする）

**●肉が最も軟らかくなるのは45～50℃**
これを過ぎると徐々に軟化の度合いが下がりながら、70℃前後で最も硬くなる

**●肉は68℃を超えると分水し始める**

**●肉は温度をゆっくりと上昇させていく**

**●魚は一気に火を入れる**

参考文献：おいしさをつくる「熱」の科学　佐藤秀美　柴田書店

# アルケッチァーノの味

アルケッチァーノの味づくりで大切にしているのは、

**①食材の味を最大限に引き出す**
**②食材と食材の掛け合わせで味を作る**
**③足りないところは香りで補う**

①の食材の味を最大限に引き出す方法は、塩と温度です。

アルケッチァーノでは、19種類の塩を常備しています。

塩はミネラルバランスによって苦い塩、酸っぱい塩、軟らかい口当たりの塩などありますので、それらを使い分けて調理をします。

塩の役目は食材の味を引き出すことです。キュウリのスライスに塩をふると、水分が出てきてキュウリの味がより濃く感じられますね。この原理を使って食材の持ち味をよりわかりやすくします。

塩が強過ぎると塩味に食材の味が負けてしまいますので、味を引き出すぎりぎりの量で使います。

温度は食材の特性を見極めて、ベストな温度と時間で熱を加えます。

例えばタマネギなら、90度で3時間炒めると、タマネギのシャキシャキの食感はそのままに、甘さが増して旨味が凝縮した白いタマネギ炒めになります。最後にほんの少しだけ塩をふると、さらに味の輪郭がはっきりします。

ジャガイモやカボチャ、サトイモなどでんぷん質の多いものは、70度で50分加熱するとでんぷんが糖に変わって甘くなりますし、サトイモなどはよりねっとりとした食感になります。

このように食材によって味をより高めるベストな温度は違います。

熱を加える際にもう一つ大切にしているのは食感です。

食感も食材の大事な個性の一つですからどんな食感で食べてもらうのかを逆算して食材の切り方を考えます。

例えば、前出のニンジン炒めの場合、ニンジンを薄切りにして焼くと軟らかいニンジンになります。これをあえて1・3センチで焼くことで、根菜ならではの歯応えを残しているのです。

こうして食材の持ち味を最大限に引き出した後に、②の食材の掛け合わせによって味を作るステップへと進みます。

主役の食材に対してベストな組み合わせを探す方法として、「出会いの法則」「噛む回数の法則」「苦みックスの法則」など幾つかの法則を見つけました。

奥田理論と呼んでいますが、この方程式に当てはめて考えると、相性のよい食材やぴったりの調理法が簡単に見つかるので便利です。

さらにおいしさの満足度を高めるために、③の香りで補うステップに進みます。

香りは料理の中で味と同じく重要な要素です。

主役の食材が持つ香りを高めたいと考えたとき、同じかまたは似ている香りを持つものを探します。

例えば「ワラサと月の雫の塩とシチリアのオリーブオイル」という料理は、ワラサのウリの香りに似ているニュアンスの青草の香りのするオリーブオイルを掛け合わせることで、香りの相乗効果が生まれます。

「同じような香りのニュアンスなんだけれども違う香り」が口の中で後から後から立ち上るので、香りの輪唱が口の中で起こって、おいしいという感覚が持続するのです。

この、後から後からやって来る香りを人間は「コク」と錯覚します。

香りでコクを生み出しているので、私の料理にはソースが要らないのです。

## 「ワラサと月の雫の塩とシチリアのオリーブオイル」の味の相関図

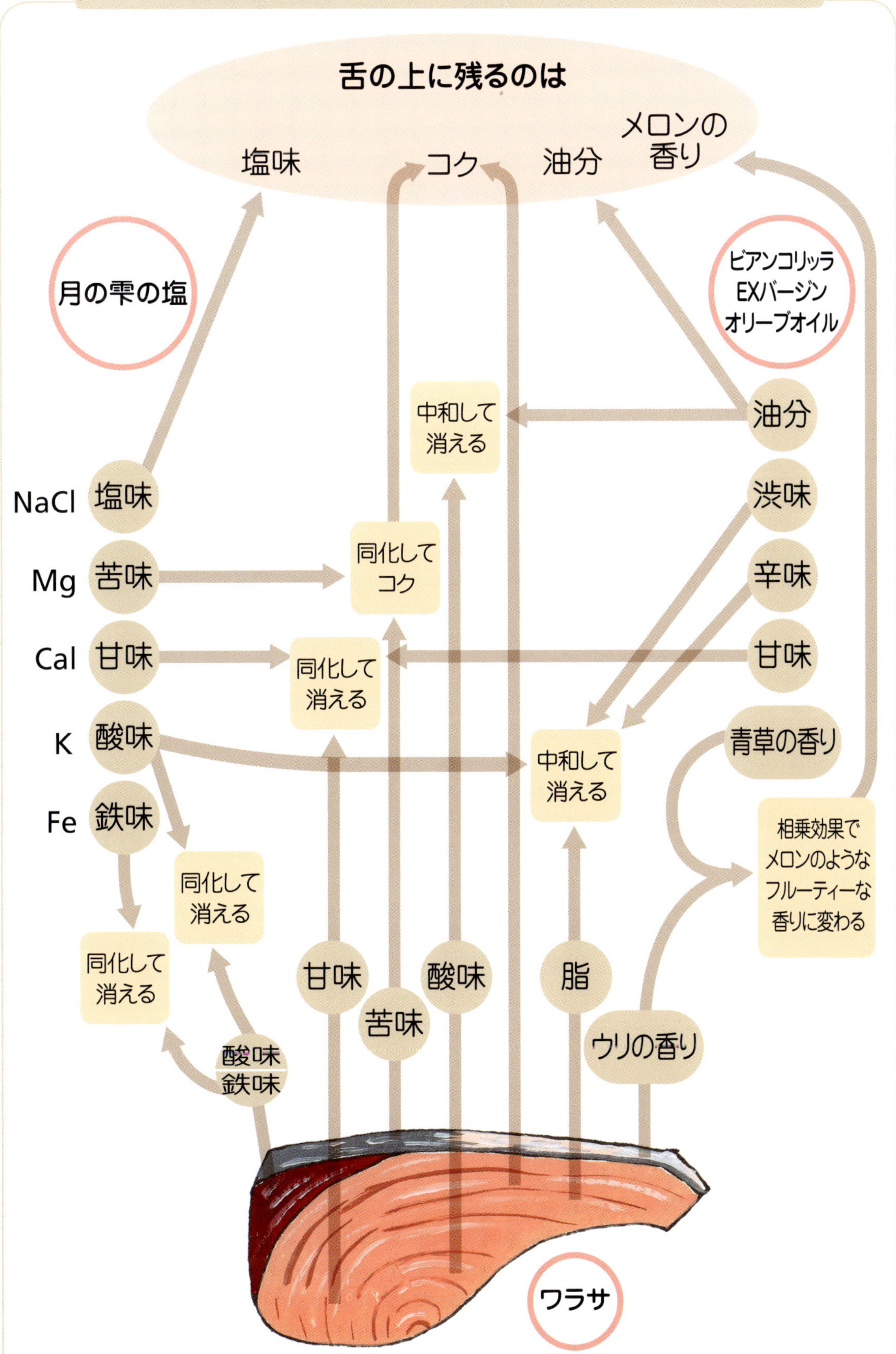


(P.78 写真参照)

# 食材のベストカップルを見つける

## 「対比と同化・出会いの法則」

食材の組み合わせのベストカップルを見つけたらたくさんのお客さまを呼び込んでくれたという、あるメニューがあります。「藤沢カブと庄内豚の焼き畑見立て」です。

この料理の開発過程で生まれたのが「対比と同化・出会いの法則」です。あまたある食材からベストな組み合わせを探す方法です。

まずは、主役にしたい食材の要素をつかむために、目を閉じて、心を無にして食べます。

舌の体温でだんだんと食材の温度が上がってくるに従い、いろいろな味を感じます。

この時に感じる味を、第一印象から第六印象まで、時間軸で一つずつ挙げます。

藤沢カブを分析してみます。

第一印象は、パリンッとした歯応えです。硬くてキメの細かいカブだというのが一番強い印象だからです。

第二印象は、辛い。皮の部分に辛味成分を含んでいます。舌にぴりっときます。

第三印象は、みずみずしい。硬くて水気の少ない皮とは反対に、中心部分は水分をたっぷり含んでいます。

第四印象は、甘い。初めに感じた表面の辛さとは反対に、中心部分は甘味があります。噛み砕いていくに従ってこの甘味が出てくるのです。

第五印象は、土の香りです。すりつぶされていくと、皮目から土のもわっとした香りがかすかにしてきます。

第六印象は、ワサビの香りです。ワサビと同じ辛味成分のアリルイソチオシアネートを含んでいますが、ほとんどを噛み砕き終わったころ、人の舌の体温で温められてこの香りが立ち上ってきます。

これで第一印象から第六印象までが出そろいました。

ここで、初めの三つに注目です。第一から第三までの印象を言葉でつなげると、

「パリンッと硬くて、辛くて、みずみずしい」

となります。ここにそれぞれ、反対の言葉を探します。そうすると、

「軟らかくて、甘くて、パサついた」……①

となります。これが「対比」の部分です。

次に、第四から第六までの印象を言葉でつなげます。

「甘くて、土の香りがして、辛い香りがする」……②

この部分が「同化」です。

①の対比の言葉と②の同化の言葉をつなげます。だいたい5番目くらいまでで食材の特徴の輪郭が見えてきます。この場合は、

「軟らかくて、甘くて、パサついていて、甘くて、土の香りがするもの」

となります。

これに当てはまる食材が、藤沢カブにぴったりの相性の食材ということになります。

つまり「出会いの法則」とは、主役にはない特徴がありながら、主役食材と共通の特徴も持っている相方を探す方法というわけです。

大切なのは、初めの三つの印象とは対比させ、次の二つまたは三つの印象とは同化させるということです。

これを逆にするとベストカップルにはなりません。

あとは頭を柔らかくしてこの言葉に当てはまる食材を挙げていきます。

幾つかの候補が出てきたら、今度は食材を絞り込んでいきます。

藤沢カブの香りとコクを生かすには、動物性タンパク質を合わせるといいな→そうすると肉か魚だな→二番目の甘さには藤沢カブに全くない脂肪分の甘さを当てはめよう→その上で焼いてパサつくのは豚肉か鶏肉か青魚だな→甘くて土の香りがするとなると魚は消えるな、というようにどんどん条件を絞っていきます。

藤沢カブを主食材にした場合、この対比と同化の条件に最も当てはまる食材は、身の部分は締まり脂肪分に甘さのある豚肉だとわかりました。

そして調理のしかたにおいても、表面をパサつかせるために強火でグリルする、というように特徴を際立たせます。

料理を考えるときに、こんなふうに食材の特徴の一つ一つにまで立ち返って考えてみると、今まで思いもよらなかった新しい組み合わせにたどり着くことができます。

# 対比と同化　出会いの法則

## 藤沢カブにぴったりの食材を探す

| | 主役の食材「藤沢カブ」 | 合わせる食材 | |
|---|---|---|---|
| 第一印象 | パリン（硬い） | 軟らかい | 対比 |
| 第二印象 | 辛　い | 甘　い | |
| 第三印象 | みずみずしい | パサついている | |
| 第四印象 | 甘　い | 甘　い | 同化 |
| 第五印象 | 土の香り | 土の香り | |
| 第六印象 | 辛味成分の香り | 辛い香り | |

軟らかくて、甘み（脂肪分）があって、パサついていて、甘みがあって、土の香りがするもの
藤沢カブを生かすのは、動物の肉か個性の強い魚だな…と導き出される。

| 柔らかくて | 脂分があって | パサついて | 甘みがあって | 土の香りがして | 相　性 |
|---|---|---|---|---|---|
| ブ　リ | ハラミ | 焼　く | ○ | × | ○ |
| 豚　肉 | 肩ロース | グリル | ○ | ○ | ◎ |
| 牛フィレ | × | × | ○ | ○ | △ |
| イノシシ | ロース | グリル | × | ○ | ○ |
| 子　牛 | × | × | ○ | × | × |
| 鶏　肉 | × | 火を強めに通す | ○ | × | △ |
| マグロ | ト　ロ | 焼　く | ○ | × | ○ |
| 米沢牛 | ロース | × | ○ | ○ | ○ |

〔答え〕豚の肩ロースのグリルで、表面をやや乾いた状態にパサつかせる

### 藤沢カブと庄内豚の焼き畑見立て

最後に豚肉の分量と藤沢カブの分量の比率を調整し、トリュフという土の香りのする洋風のエッセンスを加えました

# 食材で味を作る奥田理論

**「噛む回数の法則」**

噛むことは、間違いなく料理を格段においしくしてくれます。

噛むことによって食材は口の中で細胞が壊れていきますが、そのときに味が飛び出し、香りが立つのでそこでおいしさを感じます。

さらに顎をたくさん動かすと唾液が出ますが、唾液に含まれるアミラーゼやマルターゼという成分は、消化を促す酵素です。これらは炭水化物や糖分を分解してさらに小さな糖に変えるので、口の中で必然的に糖が増え、噛むに従い甘さを増してくれます。

料理がおいしくなるこんなすてきな調味料を、人間は自ら持っているなんて！　この自然の摂理を使わない手はありません。

そこで私は「噛ませる料理」を考えました。

お皿の上では完成の一歩手前にしておき、口に入れて噛むことでおいしさが最高潮に達する、口の中で味が完成する料理です。

そのために、「○回噛んでもらう」という仕掛けをあらかじめ食材に加えます。

**●豆モヤシと地鶏のフレーグラ**

あらかじめ口の中で噛む回数を想定して、逆算して食材の大きさや熱の通し方を変えます。

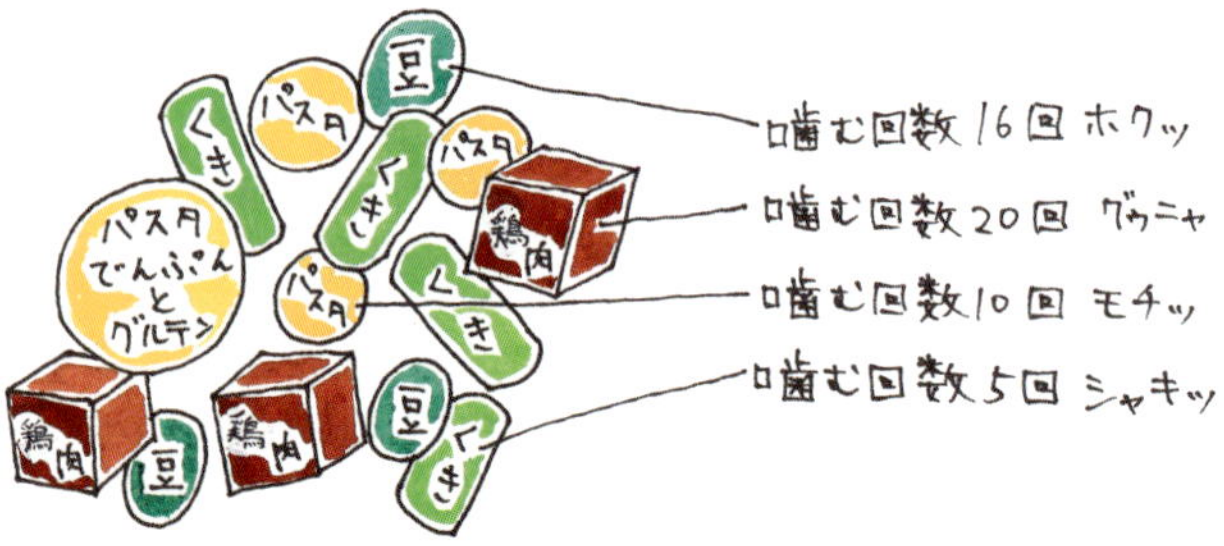


噛む回数の基準にするのは、豆モヤシ。

16回噛むと豆の部分が細かくすりつぶされて甘さと濃厚な香りが立ち上ってきます。

これに合わせて他の食材の形や大きさ、歯応え、味を逆計算します。

豆モヤシの豆の部分を基準としたときに、フレーグラの噛む回数を10回にしたいので、食感を考慮して大きさは豆よりも一回り大きく。

地鶏の肉は味を飲み込む直前まで持続させたいので噛む回数は20回、硬さを考慮して豆の2倍の大きさにします。

味の要素は地鶏の旨味と塩味です。

これをスプーンですくって口に含み噛み始めると、初めはモヤシの茎のシャキシャキや鶏肉のグニュグニュの食感が楽しくて、6回噛んだあたりから全ての食材のおいしさが混じり合い始め、10回あたりで甘さが高まり、12回ごろから豆の濃厚な香りが立ち上り、飲み込む20回ごろにはしっかりと出てきた甘さが地鶏の旨味に噛むことで生まれた甘さが負けないぐらいに増えている、という料理です。

## 豆モヤシと地鶏のフレーグラ

●材料（4人前）

| | |
|---|---|
| 豆モヤシ | 200g |
| 鶏胸肉 | 300g |
| 塩・オリーブオイル | 適量 |
| フレーグラ（粒状のパスタ） | |
| 薄力粉 | 200g |
| セモリナ粉 | 100g |
| 塩 | 3g |
| オリーブオイル | 大さじ1 |
| 卵白 | 60g |
| 水 | 50cc |
| 水（ゆで用） | 500cc |

●作り方

①薄力粉とセモリナ粉、塩、オリーブオイルをボウルに入れ、水に卵白を溶いたものを合わせ、小麦粉のツブツブを作るように混ぜる。
②手をぬらして熊手の形にしてボウルの中でぐるぐる回しながら、セモリナ粉（分量外）をふりかけ、5ミリ径ぐらいの大きさにする。大小まちまちの方がおいしい。
③フライパンに塩をして鶏肉の皮目を下にして焦げ目がつくまで焼き、1センチ角に切る。
④沸騰したお湯に塩を入れてフレーグラをゆでる。3分ほどしたら豆モヤシの豆の部分を入れ、しばらくしたら1センチに切った茎の部分を入れる。
⑤豆が軟らかくなったら鶏肉を入れ、オリーブオイルを回しかけ、塩で味を調える。

# 食べることが楽しくなるいろいろな法則

## 水分保有量の法則

パサついた食材には水分の多いものを、水分がたっぷりある食材には乾いたものを組み合わせると、お互いを引き立て合ってくれます。

〔例〕カニチャーハンにレタス
　　エビチャーハンにグリーンピース

**■キンカンと焼きタラコ**

焼いてパサつかせたタラコに、みずみずしくて甘いキンカンを半分に切って組み合わせたひと皿。

一緒に口に入れると、しょっぱくてパサパサのタラコの間にキンカンのジュースが染みていって、甘くてしょっぱくてプチプチ弾けるというミラクルなおいしさが口いっぱいに広がります。

## 苦みックスの法則

苦い食材に、味や香りの質の違う別の苦い食材を組み合わせます。「苦味」×「苦味」＝「コク」と脳が錯覚するのです。

味わいが生まれるので、塩の量が少なくて済むというヘルシーな法則でもあります。

**■サザエとゴーヤーの苦みックス**

生のサザエのスライスとゆでてつぶしたキモ、刻んだゴーヤーとセロリをあえた料理です。

サザエのキモの苦味とゴーヤーの苦味に味をさっぱりさせるセロリが加わり、塩がなくてもおいしいひと皿です。調味料では作り出せない味のハーモニーが生まれます。

## 色の法則

色は波長を持っています。同じ色の食材は同じ波長なので相性がよいのです。

例えば、イチゴとマグロ、この二つの食材を一緒に食べるなんて想像したこともないと思いますが、赤い色をしたヒマラヤ塩という岩塩をちょっとふると、赤の味の要素が手をつないで途端に一つのおいしい料理に変身します。サーモンとオレンジの相性もぴったりですよ。

**■赤のスープ**

イチゴ、ラズベリー、トレビス、トマトなどの赤い素材をそのまま混ぜ合わせたひと皿。口に含んで噛み始めると、甘さと酸っぱさと心地良い苦味が混然一体となったスープになります。

## 焦げの法則

焦げの香ばしい香りは食欲をそそりますね。焦げが舌に乗ると、体が「食べ物だ」と瞬間的に反応します。これは縄文時代に至るまでに火を使うことができたヒトだけが生き残ってきたからなのだそうです。火を通した食べ物は消化がよく、傷みにくいためだったと考えられています。この自然の摂理を私は料理に活用しています。

**■焦がしレタスのチーズ巻き**

ブリーチーズをサニーレタスで巻いてバーナーであぶりました。焦げの香りと隙間からのぞくチーズの見た目で唾液腺が刺激されます。焦げの程よい苦味がチーズの旨味を引き立ててくれます。

# アルケッチァーノの味の幅

アルケッチァーノの味の法則はご紹介したほかにも幾つかありますが、基本的に食材で味を作るということは変わりません。

地球上の天然のものが持つ味なので、体が心地良いと感じます。

ですからどんなに食べても飽きません。最後まで食べたときに「もうひと口食べたい」と思っていただけるような味にしています。

アルケッチァーノでお出ししている料理の味は、実はとても狭い範囲にあります。

味は塩を中庸として、刺激的なベクトルと快楽的なベクトルに分けられます。両端に行けば行くほど味の力は強く、強過ぎるものは体への負担も大きいのです。

アルケッチァーノではなるべく新鮮で良質な食材を使っているので矢印で示した味の幅が狭くてすみますが、味のない食材や味の悪い食材を使うとこの幅を広げざるを得なくなります。

また、左に大きく振れると、舌はバランスを取りたがるので、右側の同じ幅の味も入れないとおいしいと感じません。

もし食べた瞬間に旨いと感じさせたいならば、塩味、油脂分、甘味、旨味に焦げ味を入れればOK。代表例は焼き肉です。これらの「うまい」と言わせる五つの味をさらに心地よくするには、左側の酸味、スパイス、苦味、渋味、辛味といった刺激を加えます。

つまり素材の味を超えて、味付けだけでおいしい料理に化けさせることが出来るのです。

これに対して良い食材で狭い幅の味で仕上げた料理は、それだけで満足することができます。

新鮮な刺し身ならば、しょうゆよりも塩の方がおいしく感じ、さらに極めて良質なものは何も付けない方がおいしいと感じますよね。これと同じことです。

私が心掛けているのは、3口目でおいしいと感じる料理です。食べ進むほどに食材の味わいを感じて、料理した人にありがとうではなく、

「キャベツさん、こんな味に育ってくれてありがとう」

そんなふうに思っていただける料理を目指しています。

## アルケッチァーノの味の幅

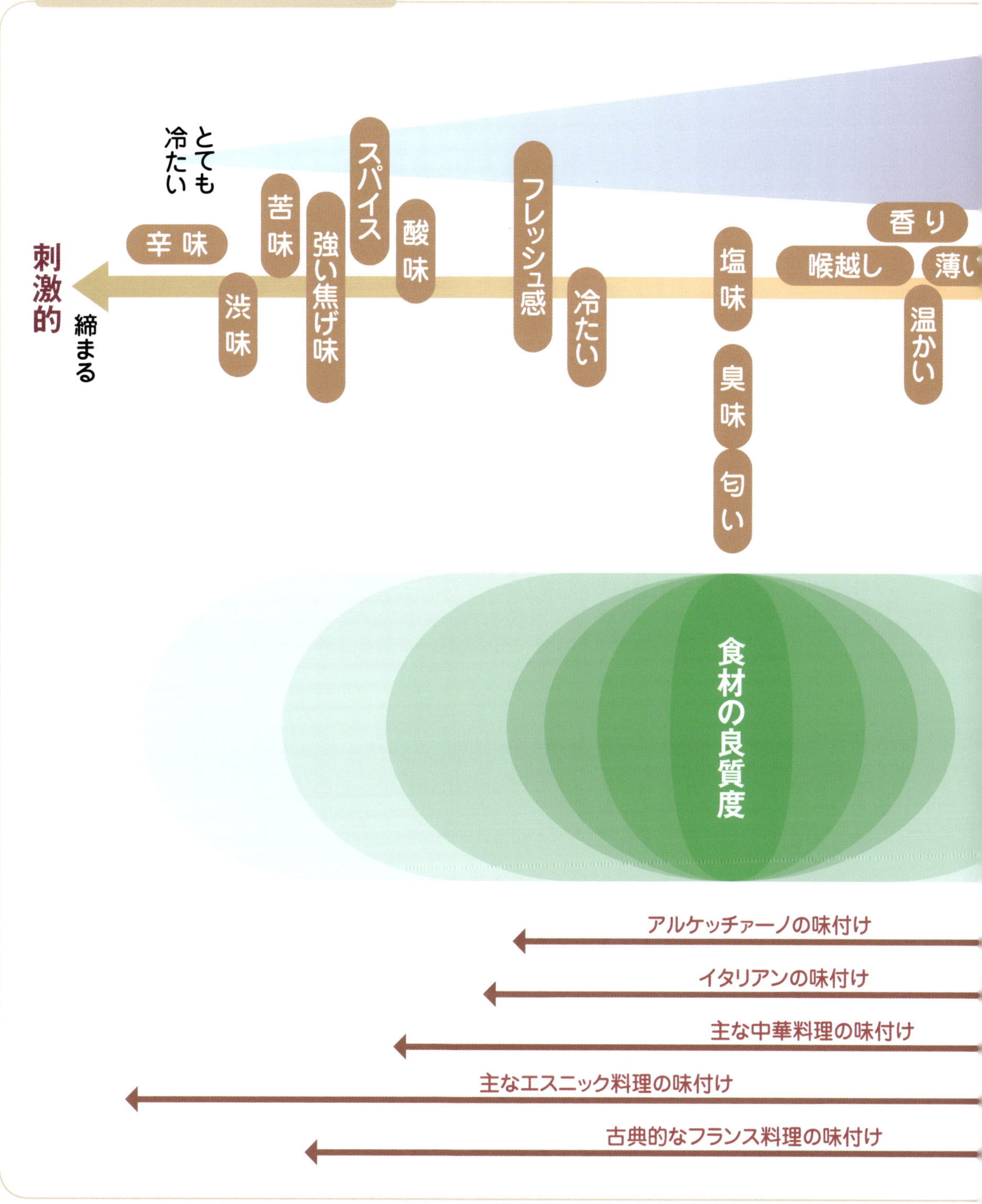
とても冷たい
刺激的
締まる
辛味
渋味
苦味
強い焦げ味
スパイス
酸味
フレッシュ感
冷たい
塩味
臭味
匂い
香り
喉越し
薄い
温かい
食材の良質度
アルケッチァーノの味付け
イタリアンの味付け
主な中華料理の味付け
主なエスニック料理の味付け
古典的なフランス料理の味付け

# 野菜を主役にしておいしく食べるための仕込みは畑から始まる

野菜の味が最もおいしく感じられるのは、動物性タンパク質と組み合わされたときです。

食物の食べ方には、何でも食べるという他にベジタリアンやマクロビオティック、玄米菜食のように好みや主義によるものから、ヒンズー教の牛やイスラム教の豚のように宗教による制限などさまざまあります。

私は野菜を主役に料理をしたいと考えているので、それに即していろいろ試しました。その中で最終的にたどり着いた答えは、肉ならば「肉25％対野菜75％」、魚なら「魚40％対野菜60％」の割合の組み合わせです。

野菜は、動物性の香りと交わったときに、野菜の中に眠っている香りが最も引き出されます。つまり野菜だけをそのまま食べるよりも、肉や魚と組み合わせると野菜のおいしさがより高まるのです。お吸い物の中に入った野菜をおいしいと感じるのは、出汁《だし》に入っているかつお節の味や香りがあるからです。

舌は動物性の食べ物に触れると、エネルギー源になると本能的に捉えます。これはあくまでも私の体の声ですが、特に疲れていて力が欲しいときには肉を欲します。人類史から見ると、農耕による穀物食が始まったのは約1万年前からですが、その前の数百万年もの間、ヒトは狩猟と採集で命をつないできましたので、恐らくその遺伝子が反応するのでしょう。

ですから私の店では、野菜をよりおいしく食べていただくために、肉や魚や乳製品などの動物性タンパク質の力を活用しています。

また野菜は肉や魚と一緒に食べたときにその役割も果たします。生野菜の持つ消化酵素はおなかの中で消化を助けますし、食物繊維は余分な脂肪分の排出に役立ちます。

動物性の香りが野菜の香りを引き出す。これは実は、土の中でも同じ原理が起こっています。

作物を育てる方法には幾つかありますが、私は野菜の味の仕込みは畑から始まっていると考えているので、何を与えられて作られたものかを吟味します。

出来上がる野菜の味から、大きく次のように分けて考えています。

野菜のおいしさが際立つのは「有機農法」です。有機物の堆肥を使用している農業のことですが、特に動物のフンから作られた完熟堆肥を与えた野菜は、ほかの野菜と比べて味の膨らみかたが際立っています。メカニズムはわかりませんが、明らかに動物性の堆肥が与えられた土の野菜とそうでない土の野菜は味も香りの出方も違うのです。恐らく土壌中の微生物群の種類に違いがあり、何らかの作用をするのだと思います。

有機農法には、天然由来の農薬の使用を認めている規格から、生産者本人の主義で自然のものでも薬物的な作用のあるものは一切使用しないという考え方まで幅広くあります。

化学物質不混入に完璧さを求める生産者は、ホルモン剤や抗生物質を餌や注射で摂取していない動物の堆肥のみに限定して使用しています。

野菜を味優先で選択するならば、こうした生産者のものを選びたいと思います。

動物性堆肥でも完全発酵させていない生堆肥を与えている生産者もいますが、そういう野菜からは泥のような生臭い味が、特に皮の内側の部分からします。

野菜の味の数が多いのが「自然農法」です。味は淡味ですがいろいろな味がするので、それを生かそうとすると料理も自然な味付けの薄味の料理になります。

自然農法も概念が幅広く、森の落ち葉や枯れ草で作った堆肥や青草をすき込む植物性堆肥を使うやり方から、全く何も与えないという考え方まであり、雑草も生やすのか抜くのかの違いや、不耕起といって土を耕さないやり方もあります。

ですから味の面から評価すると、自然農法の野菜にはおいしいものから全くおいしくないものまであります。

おいしいものは、食べながら地球への感謝の気持ちが湧いてくるような自然の味を感じます。反対に手を掛けていない畑ほど、野菜としてのおいしさからは離れていきます。

大多数の生産者が行っているのが

農薬や化学肥料を使用する農業で、一般的に「慣行農法」と呼ばれています。

経済的に安定した農業を実現するために戦後推し進められた農法で、畑で発生する虫や病気に対して化学薬品をかけて駆除防御し、栄養分として無機的な肥料を与える方法です。野菜は早く大きくたくさん成長します。

**1** 小田島薫さんはおん年85歳。「100年先のこの山を考えたらこの形になりました」。見据えておられる時の長さが違います。**2** 車が入れる道を作れば、山で農作業が可能になります。**3** 西和賀の山には85種類ほどの山菜があるそうですが、その中で小田島さんは19種類の栽培に成功しています。**4** ギョウジャニンニクの苗。ほかにも、ミズ、ショデ、ワサビなどさまざま植えていました。**5** 山の伏流水が湧く場所をせき止めて作ったクレソン畑。木々の間からの程よい斜光が、優しい味のクレソンに育ててくれていました。

この農法で作られた野菜は、野菜が味を訴えてきません。急激に成長するのでいわゆるメッシュが大きく、魅力的な味わいや香りがしません。アクも多く出ますし嫌な味が現れることもあります。

植物の中で、私が一番好きなのは山菜です。食べて体が最も喜びますし、山菜は「僕を料理するのなら、君ならどうするっ？」とどの野菜よりも一番強く訴えてきます。

それから山に生えている野草も味の主張がはっきりして生命力があります。

私の店で山菜と野草を多用するのはこのためです。

山がそのまま畑だったらな…、山菜好きの私はいつもそんな夢みたいなことを考えていたのですが、実現している方が岩手県にいらっしゃいました。

秋田県との県境にある西和賀町の小田島薫さんが行っているのは「森林農法」です。山の持つ地力を利用して山菜や野草を栽培する、究極の農業です。

小田島さんは、以前は営林署の職員で山を知り尽くした方です。現役時代からずっとこの森林農法の構想を温めて研究を続けてこられたそうで、現在その実践段階に入り技術継承に取り組まれています。

小田島さんが編み出した森林農法では、山にヒバを植え、枝打ちで斜光を調節します。ヒバは花粉にも困らないですし、用材としても価値があります。

森林の間に、プランターで育てた山菜の苗を定植していきます。初めの段階ではマルチを使用して苗を保護しますが、定着すると必要なくなり、自然と増えていくとのことです。

山には林道を作って、山道に不慣れな人でも、軽トラックで無理なく山に入っていけるように整備してあります。

森の木の伐採までには60年から70年の年月が掛かりますが、その期間に毎年現金収入を得られるのです。

枝の払い方で光が調整でき、山の管理も継続して行われ、収入も確保でき、なおかつ食材としても高品質のものがとれる。そして森林も保全する。

自然との調和の中で人の営みを実現する方法を長年研究してこられた小田島さんに、私は敬意を表したいと思います。

# 農法による野菜の味の違い

農法によって異なる野菜の味の違いを、これまで食べた経験から平均的な数値で表してみました。

土の作り方や肥料の与え方で野菜の味の特徴が違ってくるので、私はそれぞれに合わせて料理のしかたを変えています。

さらに野菜の味には、生産者の人柄が映し出されます。痩せている土でも、何とかおいしい味になってほしいと努力している生産者の野菜は誠実な味がしますし、肥沃な土壌で育っていても経済効率を優先している生産者の野菜は、没個性的な味がします。

| | 自然農法<br>土壌改良していない | 慣行農法 |
|---|---|---|
| 土の条件 | 野菜に適した微生物が少なく雑草が優勢。土が硬い | 農薬・化学肥料を使用している |
| 時代 | 原始的な農法 | 戦後の食糧難から高度経済成長を支えた大量生産時代の農法 |
| 味 | わんぱくな味で苦い、硬いなど、何かが突出している | 静かな味でちょっとした苦味がある。アクが多く出る |
| 味のパワー | ○ | × |
| 味の多さ | 何かが突出していてバランス悪い | 少ないがバランスは良い |
| 食感 | 筋が硬くて多い | 筋が硬い |
| 喉越し・食べ心地 | 喉で止まる。皮と実など繊維の多い部分とその他の部分のバランスが悪い | 喉や食道で引っ掛かる感じがする |
| 食べたあと | ドスンッと食べ応えある | 胃の中にドンッと落ちる |
| 香り | △「オレは○○だー！」という主張の強い香り | × 少ない |
| 味の分析 | 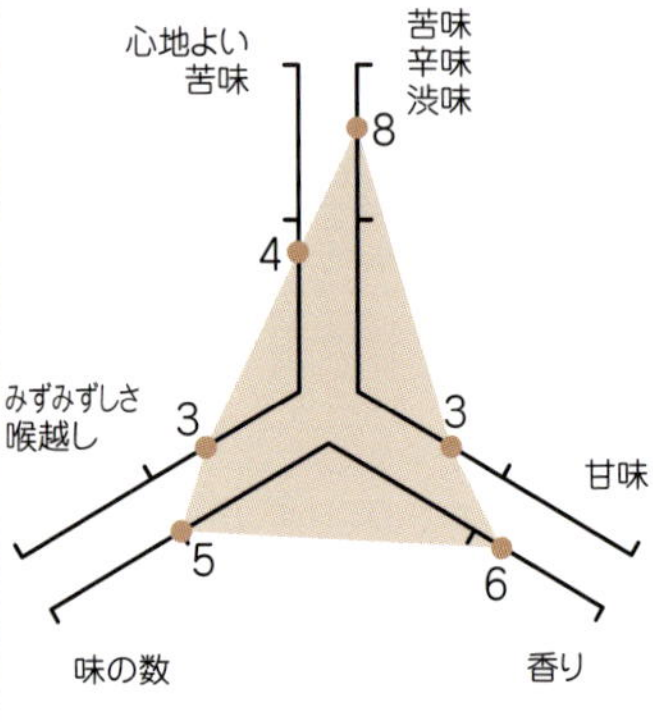  | 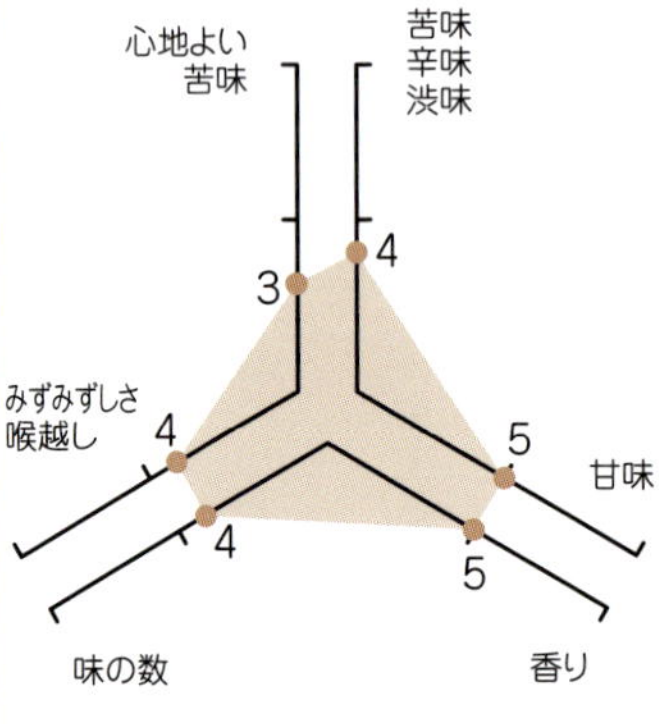  |
| 料理のしかた | 野菜というよりは野生の植物のような味なので他の食材の旨味や調味料で味を補わないといけない<br>(例)ミネストローネスープ<br>野菜炒め…しょうゆ味<br>あんかけ具の数 多<br> | 香りが少なくコクも弱いので、マヨネーズやアミノ酸調味料など必要となる。旨味のある食材で味を補う<br>(例)サラダにマヨネーズ<br>野菜炒め…しょうゆ味<br>具の数 多<br> |

**野菜の味の分析**

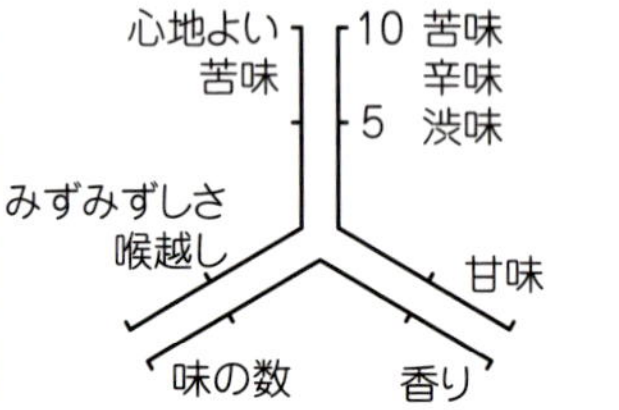


**合わせる食材**

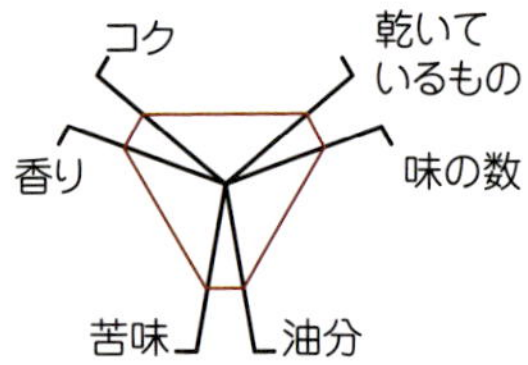


**料理のしかた**

野菜の三角形に対して正反対の三角形に当てはまる食材を合わせる

主役の野菜の足りないところを補う

| | 森林農法 | 有機農法 | 自然農法<br>土壌改良している |
|---|---|---|---|
| 土の条件 | 山の腐葉土 | 動物性堆肥を与えている | 植物性堆肥を与えている。土が軟らかく微生物が多い。畑に生態系できている |
| 時代 | 地球資源を最大限に生かす持続可能な農法 | 安全とおいしさを追求する時代の農法 | 自然の循環と健康を意識した考えかたの農法 |
| 味 | みずみずしく力強い。滋味が濃い | 糖度・香り・野菜の遺伝子の味を率直に感じる。味がグラマー | おしとやかで野菜の遺伝子の持つ味が際立っている |
| 味のパワー | ○ | ◎ | △ |
| 味の多さ | 多角的に多い | ドーンとやってくる味が多い | 味の数が多くてバランスよい |
| 食感 | パチッンとはじける。筋をあまり感じない。葉も軟らかい | ポキッとはじける | プチッとしたきめの細かい歯切れを持つ |
| 喉越し・食べ心地 | 滋養分が多く食べると体が心地良い | 心地良い苦味や糖度があり「おっ、うまい!」とすぐに感じる | スルスルと喉を通って体に入っていく。量を食べたときにすごさがわかる |
| 食べたあと | 体が浄化される感じがする<br>体のエネルギーが満たされる<br>どんどん食べたくなる | 「食べたぁー!」という満足度が高い | 胃にスムーズに入っていく<br>消化の負担が少ない |
| 香り | ◎ 口の中で香りはじける | ◎ モワッンとした良い香り | ○ 口の中をスーッと通っていく爽やかな香り |
| 味の分析 | 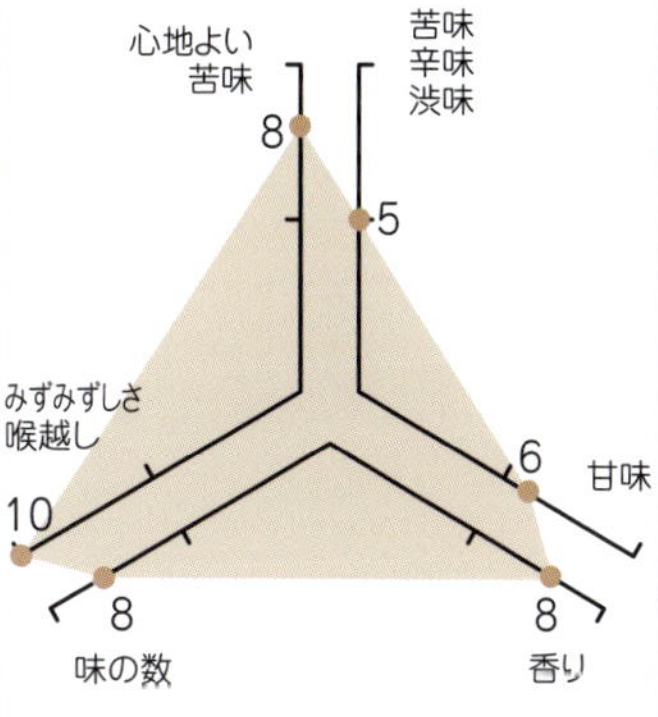 | 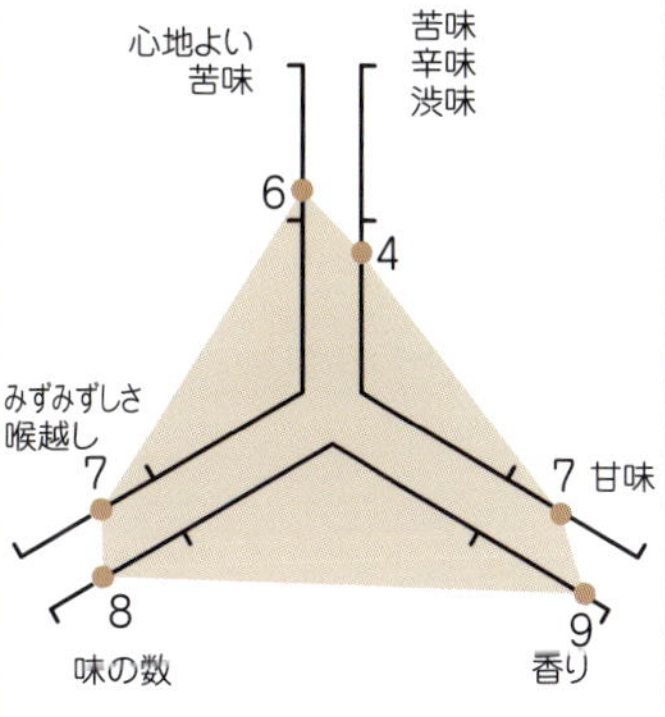 | 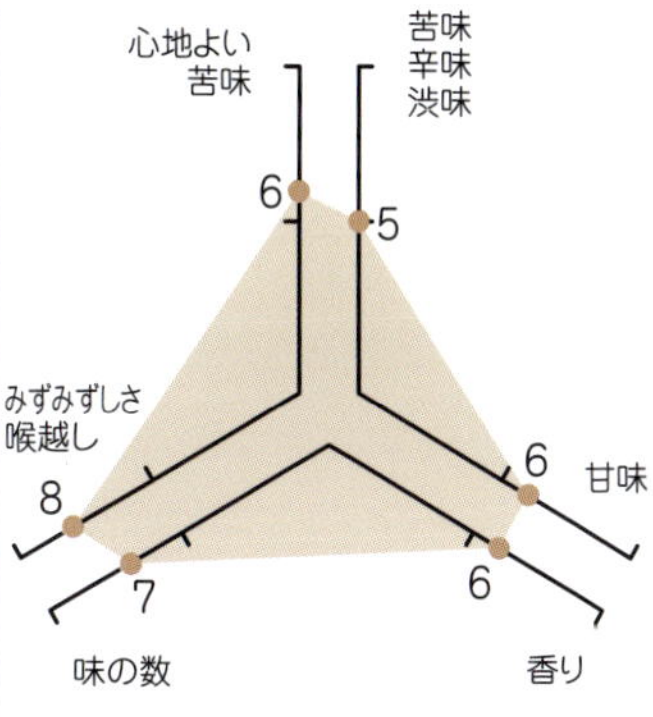 |
| 料理のしかた | みずみずしさと力強さを生かすために、生命力があり苦味のある食材を合わせるとバランスがとれて満足度がより高まる<br>(例) シドケとゆでたホヤ<br>野菜炒め…塩味<br>具の数 1〜2 | 生産者の哲学がわかりそれだけでおいしい味になっているので、それを存分に生かす質の良い味のバランスのとれた食材を合わせるとおいしさがさらに高まる<br>(例) 鶏肉とジャガイモのオーブン焼き<br>野菜炒め…塩味 具の数 少 | しなやかな味でいくらでも食べたくなる小気味よい味なのでそれを覆ってしまわないようにシンプルにする<br>(例) グリーンサラダにオリーブオイルとレモンと塩<br>野菜炒め…肉なし塩味<br>具の数 少 |

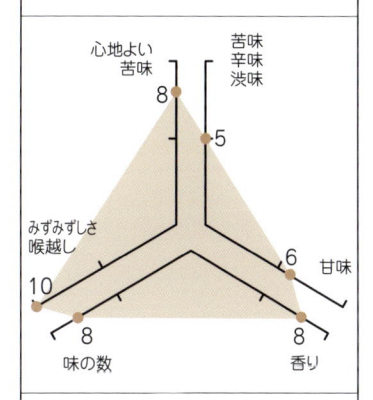

# 第4章
# 地方の原石の磨きかたのレシピ

どっちを向いて
誰のために料理をするのか

同じ素材でも
料理のしかたが変わり
お皿の表情が変わる

私はその土地の食材の物語をひと皿に託す
すると、そこに歓声が生まれて
その料理は誰からも愛されるものになっていく

この章は、岩手日報、山形新聞、新潟日報、信濃毎日新聞、岐阜新聞が発刊の「くらしの知恵」誌、河北新報が発刊の「ウィズダム」誌のために取材した内容を再構成しました。

# 地方に行って料理をするとき

ここに二つの料理があります。

右下の写真は、私がまだ20代前半のころに作っていた料理です。私の勝手な創作による、お客さまを向いて、自分の考えを前面に出した羊肉の料理です。

野菜でカラフルにして見た目で気を引き、さらにトマトが入ったソースで羊肉にない旨味をソースの複雑な味で補っています。

左は、丸山光平さん（86ページ）の羊を主役に考えて、丸山さんに喜んでいただくために、その味を最大限に生かすことを考えた料理です。

丸山さんの羊はそれ自体で味が完成しているので、ジャガイモを羊の下に敷いて肉から出てくる旨味をキャッチさせます。調味料は塩のみ。ハーブの塩で羊の旨味を引き立てます。

どっちを向いて、誰のために料理するのか。志の違いはこのように、料理の違いに表れます。

私はいろいろなご縁から日本各地を訪れて、その地域の食材を使って料理をすることがありますが、どこを訪れても、磨けばもっと光り出す原石がたくさんあると感じます。

そのときに大切にしていることは土地の空気を五感で読み取ることです。きめの細かさ、軟らかさ、香りは、その土地でどんな味が好まれているかの指標になります。

そして、そこに自分の料理を押し付けるのではなく、その土地に求められている料理を見つけ出して形にし、置いていくことを心掛けています。

1 地域の自然を見て、気候を感じて、そこの食材の大方の味を想像する。

2 その地域の町並みや歴史を知り、郷土料理を食べ、その地域の昔からの味付けを知る。

3 その地域のはやっているお店に行き、その地域でいま好まれている味付けを知る。

4 その地域のスーパーに行き、現代の食習慣を知る。

5 そうしてかき集めた全ての情報を体に入れて考える。

この時にこの地域の特性は何か、オンリーワンは何かを理解する。

◀ いまこの時代、この場所に、「こんな料理があったらいいな」と思い浮かんだ料理を作る。

◀ レシピを置いていく。

◀ その後、何度か訪れる。

# 土地の空気を感じて料理に表す

## ●岐阜・飛騨高山の飛騨牛

山深い飛騨高山を訪れました。車から一歩降り立ったときに、山の香りときめの細かく湿度のある重厚な空気に思わず深呼吸をしました。そしてなぜかとても懐かしい気持ちになったのです。

そこで飛騨牛を育てていたのは肥育農家三代目の辻直司さんでした。勉強熱心で常に仲間たちと研修会を開き、飛騨牛ブランドの研鑽にいそしんでおられます。そして牛の成長に合わせた餌の調合に気を配り、一頭一頭の食べっぷりを見て世話のしかたを変えるという話を伺いました。

牛舎を後にし、山間を車で移動しながらふとある光景が浮かびました。日が山の向こうに落ちて空が薄紫色に染まる谷、田んぼの合間にぽつぽつと点在する家々からたなびく夕飯の支度のかまどの煙。かつてここにあったであろうそんな風景を思いながら、山深い土地ならではのしっとりとした空気と、山の香りを料理に表現したいと思いました。

### 飛騨牛のステーキ山里の香り ワサビの辛み調理添え（写真 4）

〈1～2人分〉

- 飛騨牛……………………200g
- ニンニク……………ひとかけ
- 天然塩・コショウ………適量
- たらの芽（枝ごと）………適量
- 杉板…………………お皿として
- ワサビの茎と葉…………100g
- 天然塩…（ワサビの重さの4%）4g
- 湯……………………………適量
- オリーブオイル……………適量

①牛肉に塩コショウをふり、フライパンにオイルとニンニクを入れ、肉を焼く。
②たらの芽は素揚げして塩をふる。
③ワサビの茎と葉を４センチに刻み、ザルに入れる。
④お湯を沸かし❸をザルごと２秒半ひたし、引き上げて４秒空気にさらす。これを３回繰り返す。
⑤❹をビニール袋に入れて袋の上から手で５回もんで、空気を入れた状態にして、口を輪ゴムで閉じて 20 分おく。
⑥❺の袋をいったん開け、天然塩を入れて４回もむ。もう一度空気を入れて輪ゴムで閉じ、そのまま２時間放置して辛くなったら完成。
⑦杉板をバーナーで焼いて焦げた香りがしてきたら、切ったステーキ、たらの芽、ワサビの茎と葉を盛る。

**1** 甘酸っぱいような良い香りのする牛舎でした。囲いの中の牛たちはどの顔を見ても穏やかで人懐っこく鼻先を近づけてきます。瞳をのぞくと輝きがあり澄んだ深い目をしている。愛情をもって育てられているのがわかります。**2**「牛も人と同じで個性がある。ぼーっとしているのもおれば気が強いのもおる。まあ、俺に似ればちょっとやんちゃになるけどな」と子供を見るような目で牛をめでる辻さんでした。**3** 飛騨高山の清流で育ったワサビ。

# 日本の伝統食を守る

## ●山形・漬物名人

日本の伝統食、漬物。昔は、一度にたくさんとれた野菜を長く食べるための知恵、そして雪の降る北国では野菜のとれない冬を乗り切るための保存食でした。いわば日本の暮らしの知恵から生まれた食文化です。

今は流通が発達して一年中、生野菜を食べることができるので漬物の本来の役目は終わりました。ですが塩の力で生の野菜の旨味を抽出しておいしくいただくこの日本人の知恵を、私は絶やしたくありません。

そんな思いから生まれた料理が「漬物イタリアン」です。漬物の乳酸菌の酸味と塩味にオイルを加えると、それだけで旨味ドレッシングになります。これはフレンチドレッシングの基本材料を見ると理にかなっていることがわかります。漬物をもっと料理に活用することで、簡単でおいしい料理があっという間に出来ますよ。

### 白菜漬けサラダ（写真①）

〈1人分〉

白菜漬け……………………20g
白菜………………………100g
オリーブオイル……………適量
オレガノ……………………適量

①白菜漬けと白菜を細切りにして混ぜる。

②オリーブオイルをかけ、オレガノを散らして完成。

白菜漬けの酸味はレモンのように酸っぱ過ぎないので食べやすいのです。

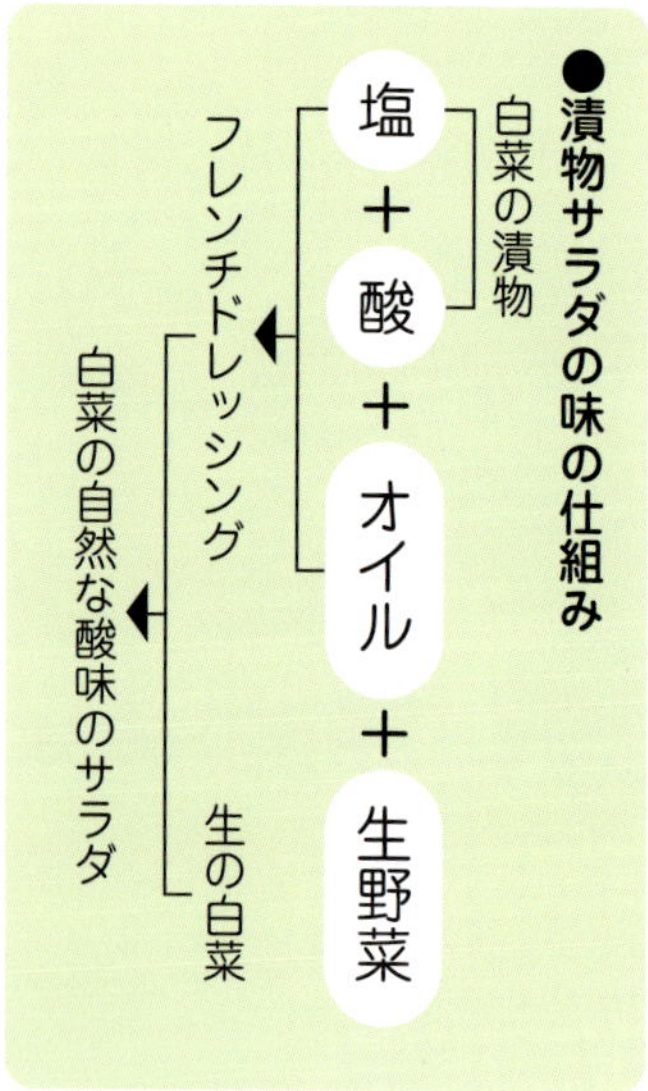


### 五十嵐さんのカラシ大根と米沢牛の炒め（写真②）

〈4人分〉

カラシ大根漬け
（イチョウ切り）………100g
大根（イチョウ切り）…100g
米沢牛細切れ……………200g
天然塩………………………適量
コショウ……………………適量

①テフロン加工のフライパンで米沢牛を炒め、塩で味を調える。

②大根を入れてさっと炒め、カラシ大根漬けを入れ、コショウをふって完成。

山形県飯豊町で農家民宿を営む五十嵐京子さんの漬物部屋が私は大好き。漬物部屋にすんでいる菌がとても良くて、ここの漬物はいくらでも食べられます。
働き者だったおしゅうとめさんから漬け方を習ったという五十嵐さんもまた、働き者の手をしていました。その手から生まれる漬物は愛情がこもった味がします。

# 日本の伝統食を守る

## ●山形・米沢の鯉

米沢鯉は江戸時代の大名上杉鷹山《ようざん》が当時貴重だった動物性タンパク源を身近で得られるようにと育てたのが始まりだそう。米沢市ではリンゴ、米沢牛と並んで三大特産品の一つにもなっています。

近年は流通網が発達して海の魚がいつでもどこでも食べられるので、鯉の需要は激減しました。米沢市内の鯉生産者も減少の一途をたどり、たった1軒になってしまいました。しかしここの鯉は私がこれまで食べた中で日本一おいしい鯉なのです。この鯉の産地を守ることが米沢の伝統と風土を守ることになります。

鯉の伝統的な食べ方は、保存が利いて、少しのおかずでごはんをたくさん食べる時代の食べ方です。これを現代の食卓にも並ぶものにすることで、新たな需要を生み出したいと思いました。私たちの日常で鯉を食べる習慣を保つことが、鯉の養殖技術を残し、伝統料理を絶やさず後世につないでいく力になります。鯉の需要を生み出すために現代の味覚に合う新しい料理を考えました。

### 鯉の燻製とミョウガのスパゲッティーニ

〈4人分〉

コイの燻製（薄切り）……80g

焼いてほぐしたコイ…………80g

スパゲッティーニ

（細めのロングパスタ）…160g

ニンニク………………ひとかけ

オリーブオイル……………適量

ミョウガ……………………2個

鷹の爪………………………適量

天然塩………………………適量

①スパゲッティーニをゆでる。

②オリーブオイルにニンニクを入れて火をつけ、中火でニンニクがきつね色になったらニンニクを取り出し鷹の爪を入れる。

③❷にコイの燻製と焼いたコイを入れて温め、そこにスパゲッティーニのゆで汁を少量入れ、ゆでたスパゲッティーニを入れる。

④塩で味付けをし、皿に盛って刻んだミョウガを添えて最後にオリーブオイルを回しかける。

**奥田流 鯉のフルコース**

①白子とユズ
②卵寄せのトンナートソース
③卵とオレンジ
④鯉のバルサミコのカルピオーネ
⑤鯉のうま煮とフォアグラ
⑥鯉のカルパッチョ
⑦ダブルすまし汁
⑧ほほ肉とキャビア
⑨ナス漬けの汁でマリネした鯉
⑩鯉の燻製とミョウガのスパゲッティーニ
⑪鯉こくとトマト
⑫鯉かば焼きとグリーンペッパー
⑬鯉の卵バターのスパゲッティーニ
⑭白焼きとブロッコリーのアンチョビ風味
⑮鯉骨の 135 度焼き

**1** 鯉料理専門店「鯉の六十里」の鯉料理。大皿から時計回りに鯉の薄造り、鯉節おろし、鯉のあらい、塩焼き、鯉の骨、卵寄せ、鯉せんべい、鯉のうま煮、鯉こく、白子のお吸い物、唐揚げの甘酢あん。**2**「鯉の六十里」を営む岩倉利憲さんは、家族と 10 人ほどの従業員で鯉の養殖から加工品販売までを行うほか、鯉の伝統料理をいただける料亭を営んでいます。「うちの鯉は池から揚げた状態で、泥吐きをさせなくてもすぐに食べられる。その訳は、敷地内に湧く地下水にあります。さらに米沢は冬寒いので鯉は冬眠する。その分成長が遅くて、日本のほかの地域で２年で出荷となるところを３年かけているのです」

# 日本の伝統食を守る

## ●新潟・妙高のかんずり

かんずりとはトウガラシを冬の寒さを利用して発酵させる保存食です。上杉謙信が寒中の行軍をしのぐためにトウガラシと塩をすり鉢ですったのが始まりといわれ、各農家で代々受け継がれてきたものを東條邦昭さんのおじいさんが商品化されたそうです。

かんずりの魅力は雪に助けられて出来る食材ということ。塩漬けにしたトウガラシを1月の大寒の日に雪上にまいて、その上に降り積もる雪でサンドイッチにするのです。雪がトウガラシのアクを吸い取ってくれるのだそう。雪が食べ物をおいしくしてくれると聞くだけで、雪国育ちの私は心踊ります。

このかんずりは、私が海外で料理イベントを開くときにとても重宝しています。和の香りを持つ発酵調味料なので、イタリア料理に隠し味として使うと誰も食べたことのない新しい料理が出来上がるのです。後世に伝えてほしい日本の伝統食の一つです。

### かんずりのセビーチェ（写真5）

〈2人分〉

イナダ（生食できる魚）…150g
セロリ……………………………30g
セロリの葉（みじん切り）…適量
かんずり………………大さじ1
オリーブオイル………小さじ1
ユズ………………………………適量
天然塩……………………………適量

①セロリを薄切りにして2%の塩水でもむ。
②イナダを一口大に切り、ユズを絞りオリーブオイルとかんずりを加えてよく混ぜる。
③❶とセロリの葉を混ぜて皿に盛り、ユズを添える。

### タコとかんずりとベーコン（写真6）

〈2人分〉

ジャガイモ……………………150g
かんずり………………小さじ1.5
ゆでダコ…………………………80g
ベーコン…………………………60g
オリーブオイル……………適量
ニンニク……………………1かけ

①フライパンにオリーブオイルを引いて弱火にかけ、つぶしたニンニクとベーコンをゆっくりと熱する。
②ゆでてつぶしたジャガイモにかんずりを入れ軽く混ぜる。
③❷にスライスしたタコと❶をオイルごと入れてあえる。

**1** 雪の下は田んぼです。塩漬けに天然の海水塩を使用しているため、辺り一帯はほのかに潮の香りが漂います。**2**「雪のおかげで糖分も増していきます。辛さがマイルドになり、トウガラシの繊維や種までもがぽったりと軟らかくなっていくんですよ」と東條さん。**3** かんずりは塩漬けして雪にさらしたトウガラシを３種類ブレンドしてユズ、麹、塩を加えて３年かけて熟成させます。**4** 私も体験させてもらいました。東條さんのかんずりは、辛さと塩味、甘味、酸味、旨味のバランスがいい。発酵過程で生まれるいくつもの味が食材たちを一つにまとめて、味を膨らませたり、臭みを消したりしてくれます。

# 日本一の技と味にエールを送る

## ●長野・千曲のアンズ

江戸時代からアンズの栽培が盛んだった千曲市は日本一のアンズの生産地です。その中でもこの人の右に出る人はいないというアンズ生産者が、生産歴40年以上の高松義久さんです。農業生産法人でアンズの加工品を製造しています。

高松さんのアンズのドライフルーツは、甘さと酸っぱさのバランスが良くて果肉の歯応えも十分。生産技術も優れていて、接ぎ木は成功率9割。3方向に均等に枝を伸ばす剪定《せんてい》技術は見事なもので、一本の木から一年で百数十万円の収益を挙げるほどに立派な木に仕上げていきます。

高松さんはさらに誰にもまねできないすごい技を持っています。アンズははしごに上って枝の実を手でもいでいきますが、反対側の枝や隣の木に移動するときにははしごを架け替える必要があります。高松さんははしごを下りずに、はしごに乗ったまま、時には2本のはしごを使って次の枝に移動していくのです。そのあっぱれな技にエールを送りたいと思いました。

### アンズになりたかったキミ（写真5）

〈4人分〉

- 高松さんの半生アンズ……4個
- アンズジャム………………20g
- 卵黄…………………………4個
- オリーブオイル……………適量
- 梅酢…………………小さじ½

①卵黄を68度のオリーブオイルで20分かけてゆっくりと揚げる。

②アンズジャムを梅酢で溶いて、❶の表面に塗る。

③半生アンズを添える。

### キミになりたかったアンズ（写真6）

〈4人分〉

- 高松さんの半生アンズ……4個
- 卵の白身…………………4個分
- 砂糖………………………210g
- 牛乳…………………大さじ1
- バニラエッセンス…………適量
- 湯……………………………適量

①卵白を泡立てて、とろりとしてきたら砂糖を加えてさらに泡立て、角が立つぐらいになったらバニラエッセンスを入れる。

②鍋にお湯を沸かして牛乳を入れ、お玉で❶を4等分ずつすくって浮かべ、火を止めてふたをし5分をほど待つ。ふんわりと固まれば出来上がり。

③皿に❷を盛って、真ん中に半生アンズをのせる。

### ●オンリーワンになれる食材番付

**横綱**
- ▼世界の中でたった一つの食材
- ▼昔から伝わる物語のある食材
- ▼他地域の同じ食材と比べて明らかに味が上等

**大関**
- ▼将来横綱になれる可能性を持っている食材
- ▼他の地域と比べておいしい高級食材
- ▼地元で昔から愛されている食材

**関脇**
- ▼横綱や大関と組み合わせることでお互いが引き立て合う同じ旬の優れた食材
- ▼まだ形になっていないが、独自の哲学で食材を作っている

**小結**
- ▼その時の旬のパワーがある食材

**前頭**
- ▼素材の味の足りないところを補う調味料

**1** 木々の間に転がるドラム缶は霜対策用なのだそう。花の咲いた後に霜にあたると実がならないので、4月でも霜が降りる夜は従業員総動員で畑一帯の温度が下がらないように、このドラム缶で一晩中まきをたくのだそうです。**2** 高松さんが製造しているアンズのドライフルーツ。軟らかい歯応えと甘さと酸っぱさのバランスが絶妙です。**3** 成功率90%という高松さんが接いだ枝。**4**「おいしいアンズを収穫するには、アリが食べにくる直前を見計らうことなんだよ」と言う高松さんは、自然の営みに寄り添いながらアンズの魅力を最大限に引き出す職人さんでした。

# 食材と生産者によって料理は変わる

## ●岩手・南部かしわとホロホロ鳥

岩手は畜産の盛んな県で、いろいろな種類の牛、豚、羊、鳥が生産されています。中でも最近注目されているのが、在来種の鶏「南部かしわ」です。西和賀町でリゾートホテルを経営する高鷹政明さんが手掛けています。

私は生産者を訪ねたとき、その地域の風土と食材の成り立ちを見聞きし、これからのニーズを考えて料理を作ります。

例えば同じ岩手でも花巻市ではフランス料理には欠かせないとされているアフリカ原産の「ホロホロ鳥」が生産されていますが、この二つの鳥は、私に違うインスピレーションをもたらしてくれます。

南部かしわは岩手に古くからあった地鶏なので、和の食文化の中で築かれてきた鶏肉で普段は鍋料理などになっています。ここに新しい風を吹き込むために洋風の香りのクレソンを添えました。

一方のホロホロ鳥はフランス料理に合うように改良されてきましたが、生産者の石黒幸一郎さんの手によって土地になじむ味に進化しています。石黒さんの思いを大切にした、ホロホロ鳥の餌から考えた料理は和のテイストにしました。

### 米の香りをまとったホロホロ鳥の赤黒米スープ（写真 1）

〈2人分〉

- ホロホロ鳥手羽肉…………4 本
- ニンニク…………………2 かけ
- ローリエ ……………………2 枚
- 天然塩………………………適量
- 鳥ガラ……………………1 羽分
- 水 …………………………1ℓ
- 赤米と黒米ブレンド………100g

①手羽肉とニンニクのスライスと細かくちぎったローリエをあえて塩をふり、一晩おいて生ハムを作る。
②鳥ガラだけでスープをとり、❶の肉を水洗いしてスープに入れ、弱火で煮ながらアクを取る。
③米をフライパンで乾煎りする。少し焦がして香ばしさが出たら火を止める。
④❷に❸を入れて、ラップをし、湯を張ったひと回り大きな鍋に入れて湯煎し、極弱火にかけ 20 分煮る。（P.14 簡易圧力鍋参照）
⑤肉を器に盛り、スープは米をこしてから注ぎ入れ、米を別皿に盛る。

### 小田島薫さんのクレソン畑に遊びにきた南部かしわ（写真 6）

〈2人分〉

- 南部かしわ胸肉……………100g
- 小田島さんの山のクレソン…10 本
- スパゲティ…………………240g
- ニンニク…………………1 かけ
- ローリエ……………………2 枚
- オリーブオイル……………適量
- 天然塩………………………適量
- 水……………………………適量

（P.111参照）

①水に 4 パーセント分の塩を入れて沸騰させる。火を止めてニンニクのスライスとちぎったローリエを入れて冷ます。
②❶に胸肉を入れ、2 時間漬け込む。
③クレソンを真ん中で半分に切る。
④塩分 3%のお湯でスパゲティをゆでる。
⑤❷の肉をスライスしてオイルをひいたフライパンに入れ、❹を入れ、ひと混ぜし、クレソンの茎の方を入れてあえたら皿に盛る。
⑥クレソンの花の方を飾る。

**2** 高鷹さんのホテルには自社農場があり、南部かしわの生産を行っています。**3** 農場の管理は若手が活躍。土地に根差す食材を守り伝えていきたいという高鷹さんの願いを支えます。これからの肉の味の改良とともに料理も進化していくでしょう。**4** ホロホロ鳥の生産者の石黒さん。**5** 餌として自分で育てた米や地域でとれる雑穀を与えています。日本人好みの味や香りのするホロホロ鳥に仕上がっているので、和洋中どんな料理でもおいしくいただけます。

# 多品種少量生産の農家はレストランの味方

## ●岐阜・高山の野村農園

野村農園の野村美也子さんから、夫の正さんが、売れるかどうかわからない野菜の種を買ってきては次々にまいて困っている、と相談がありました。こんな非効率な農業では経営が成り立たない。離婚も考えようかという深刻な相談です。

心配になって訪ねてみると、「とにかくいろいろなものに挑戦してみたいのです」。美也子さんの不満をよそに正さんはけろりとしておっしゃいます。正さんも収益の上がる野菜がないかと試行錯誤をしているのでしょう。年に１００種類以上もの種がまかれるという畑に足を踏み入れると、とにかくいろいろなものが所狭しと植えられています。

こういう畑はレストランを経営する者からすると、とてもありがたい畑です。願いがかなうなら、レストランの隣にいてほしい生産者とでもいいましょうか。私がプロデュースをしている三重県の店舗で使わせていただいていたら、弟子であるそこの料理長が独立して高山市に新しくレストランを開くことになりました。魅力的な生産者がいる所で、その食材を求めて料理人が店を持った一例です。

### アユとグリーントマトのフリット（写真5）

〈4人分〉

アユ……………………………中４匹
赤くなる直前の緑のトマト…中２個
ブロンズフェンネル………適量
薄力粉………………………適量
氷水…………………………適量
揚げ油………………………適量
天然塩………………………適量

①アユは一口大にぶつ切りにし、塩をふって薄力粉をつけ油で揚げる。
②薄力粉に塩、氷水を入れ衣液を作り、1センチ幅にスライスしたトマトを入れ、油で揚げる。
③ブロンズフェンネルを水でぬらして薄力粉をまぶし油で揚げて❶と❷に添える

### 野村農園に仲直りさせにやって来た鮎（写真6）

〈4人分〉

アユの塩焼き………………4匹
スイカ………………………半個
マクワウリ…………………1個
キュウリ……………………2本
マイクロキュウリ…………20個
ブッシュバジル……………適量
クルミ………………………適量

①スイカとキュウリ、マクワウリを一口大に切る。
②アユの塩焼きを❶にのせる。
③マイクロキュウリとブッシュバジル、クルミを散らす。
正さんがこれだけいろいろなウリをまいてくださったからこそできる料理です。

**1** 野村農園では農薬も化学肥料も使わずに微生物を大切に土作りをしています。**2** 畑を巡ると出てくる出てくる、いろいろな野菜たち。同じ土で育った野菜は一皿の上で並べたときに調和します。**3** 長さ１センチぐらいのマイクロキュウリ。かじってみると青っぽいウリの香りがします。**4** アユは川底のコケを食べていてウリのような香りがします。ウリ属の野菜たちにピッタリの食材です。「正さんが奥田シェフの料理に気を良くしてさらに倍のハーブの種をまき始め、ますます困った」と美也子さんから電話をもらいました。問題を解決しに行ったつもりなんですが…。

# 三陸の漁業を応援する

## ●宮城・南三陸のカキ

震災からの復興を目指す三陸の漁業。自分も料理人として少しでもお役に立ちたいと願っていた中で、南三陸町でカキ養殖を中心とした漁業組合を立ち上げた工藤忠清さんに出会いました。

津波からひと月後、初めて海に出て海の中の様子を探るところから、私は立ち会わせていただきました。その1年後、工藤さんたちはどこよりも早く、志津川湾でカキ養殖を再開しました。その現場を見せていただくと手間を掛けてひたむきにカキを育てる姿がありました。

私にできることは何かと考え続けてきた中で、需要を増やすことと、これまで以上に付加価値を高めることだと思いました。皆さんの家庭の食卓に一度でも多く、カキが登場することを願って新しい料理を考えました。

### カキのポタージュ（写真 3）

〈4人分〉

カキ……………………………5 個
ベーコン ……………………30g
ニンニク…………………½ かけ
長ネギの白い部分………2 本分
白ワイン ……………………8cc
仙台みそ ……………………12g
仙台麩…………………3 センチ
天然塩………………………適量
生クリーム…………………15cc
オリーブオイル……………20cc
水 …………………………200cc

①鍋にオリーブオイルを入れて弱火で熱し、ニンニクを入れて香りを移す。
②刻んだベーコンと長ネギを入れ塩をふる。
③長ネギが透明になってきたら白ワインと水、仙台みそを入れる。
④❸にカキを入れ火が通ったら、汁ごとミキサーにかける。
⑤❹を器に注ぎ、生クリームを回し入れ輪切りにした仙台麩をのせる。

### 画期的な焼きガキ（写真 6）

〈4人分〉

カキ……………………………4 個
長ネギの青い部分………6 本分
仙台麩…………………5 センチ
天然塩………………………適量

①長ネギを真っ黒になるまで網で焼いてネギ炭を作る。
②❶と刻んだ仙台麩をミキサーにかけて粉状にする。
③❷をフライパンで乾煎りして塩をふる。
④さっと網で焼いたカキに❸を衣のようにつけて完成。

昔からある食材を使って新しい料理を考えるときは、「海外の調味料を使う」「海外の高級食材を入れる」など、あくまでもローカルの食材を主役にしながら、味付けはグローバルな考えで世界の調味料を使う。

**1** 船上で作業をする工藤さん。寒風に吹かれながらカキからムール貝を手で外す作業が毎日行われます。夏場はお湯に漬けたりと工夫しながらカキを守り育てています。**2** 同じ年齢のカキでもムール貝に囲まれると、酸欠と栄養不足で右のように痩せ細るそうです。ですから手作業の仕事はカキの養殖には欠かせないのですね。**4** 南三陸漁業生産組合の皆さん。**5** 工藤さんの息子の広樹さんもメンバーの一人。若い世代がフットワークよく仕事をする姿は頼もしいです。

# 三陸の漁業を応援する

## ●宮城・気仙沼のフカヒレ

　三陸の漁業に携わる方々との交流は、私に食の原点を見詰め直すきっかけを下さいます。気仙沼でフカヒレの製造に取り組む石渡《いしわた》久師さんもその1人です。津波で工場を失いましたが、震災の10日後には工場の再開を決定し準備を始めたそうです。

　フカヒレは世界中でとれますが加工の技術を求めて気仙沼に集まります。そしてまた海外に輸出される。一方でこの特殊な食材は料理が定番化しています。そして意外と地元の人があまり食べていないことも知りました。

　丁寧な手作業と研究を重ねて開発された温度管理技術で美しい姿に仕上がる石渡さんのフカヒレは、世界市場で一流品として勝負できる食材です。そのフカヒレをまずは地元の人にも食べて知ってもらいたい。そして世界でもさらに新たな需要が生まれたらいいなと思い、料理を考えました。石渡さんと一緒に外国人向けのイベントに参加するなかで、海外の新たな販路も拡大中です。

**●高次元の食材の法則**

- ▼何とでも合わせられる
- ▼合わせることで味わいが変化する
- ▼口に入れると香りが波のように立ち上る
- ▼独特の食感がある

### フカヒレの甘酢漬け（写真2）

〈4人分〉
フカヒレ（水で戻したもの）…小4個
ラッキョウ漬けの汁……130cc
※ない場合は次の材料を混ぜる
（米酢……………………100cc
　グラニュー糖……………30g
　ショウガ……………………2g

フカヒレをラッキョウ漬けの汁に一晩漬ける。

### フカヒレのフィッシュ＆チップス（写真3）

〈4人分〉
フカヒレの軟骨（乾燥）…40g
フカヒレ（水で戻したもの）…150g
米油……………………………適量
米粉……………………………適量
天然塩…………………………適量
漬け汁
（白ワインビネガー……100cc
　グラニュー糖……………30g
　ショウガ……………………2g

①フカヒレを漬け汁に一晩漬ける。
②軟骨を170度の油でゆっくり揚げる。色がついてきたら引き上げ、塩をふる。
③❶のフカヒレの水分をペーパーで取り、米粉をまぶして、190度の油で揚げる。時間は10～12秒とし、衣だけを揚げる（それ以上入れると熱でゼラチンが溶けてしまうため）。
④サメの皮に全てを盛りつけて塩をふって完成。

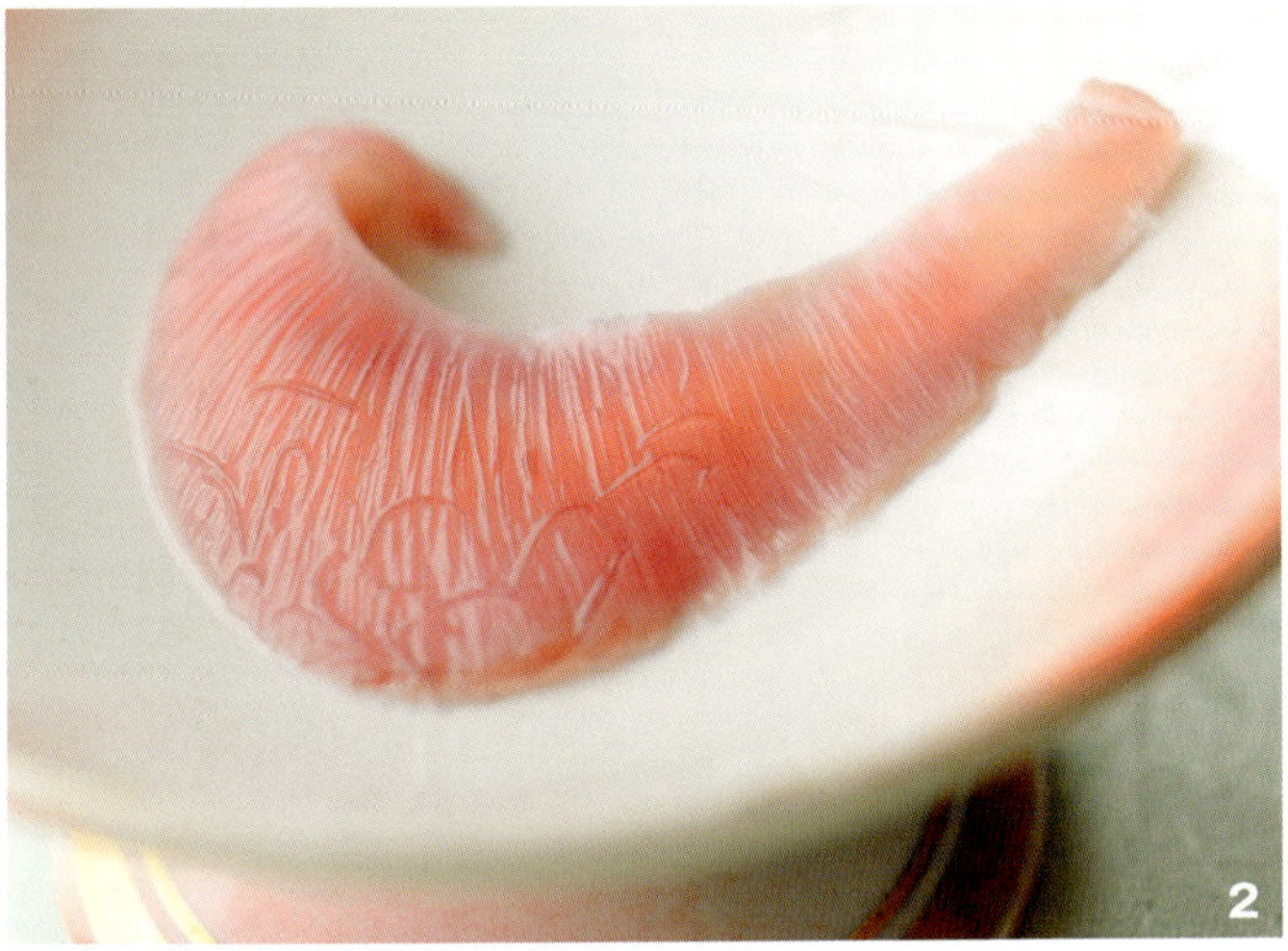

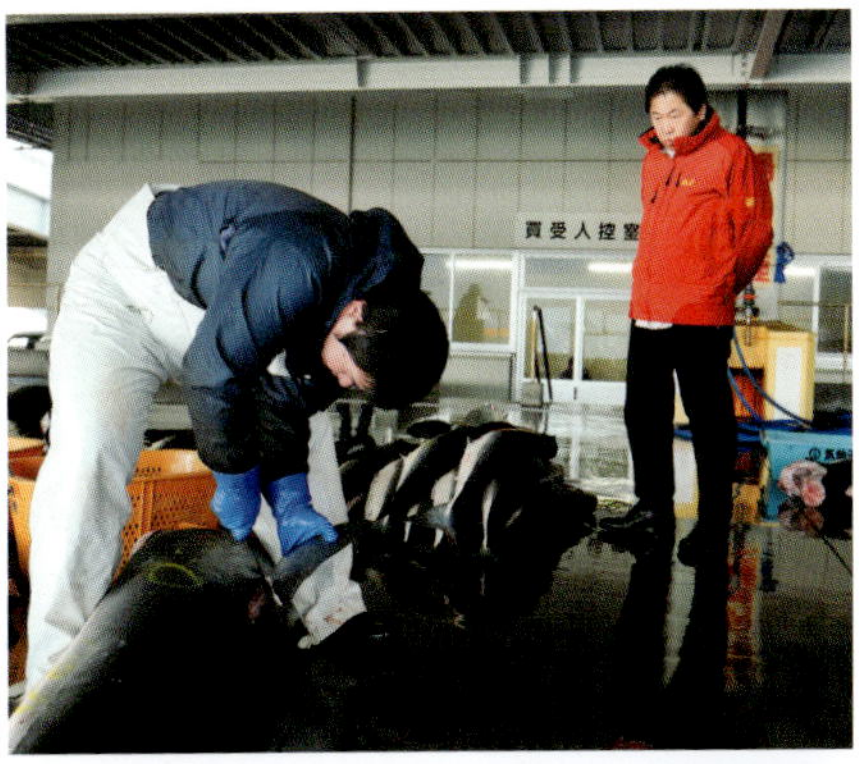

**1** サメには背ビレ、尾ビレ、胸ビレなど８種類のヒレがあり、それぞれ軟骨の外し方が違います。作業は全て手作業で丁寧に行われます。小さいヒレの方が仕込み時間が少なく料理の幅が広がるので使いやすいと思います **4** 姿美しいフカヒレの軟骨。**5** 中国の方々に新しいフカヒレ料理を振る舞ったところ大盛況。香港への輸出も新たに決まりました。

# 食による町おこしの原点は料理教室

## ●北海道・木古内

食で町おこしをしたいとき、対外的にどう宣伝するかに思考が行きがちですが、まず取り組むべきは地元の人の理解です。私が食の都庁内への取り組みを始めたときに、最初に一番力を入れたのは地域のお母さんたちを対象にした料理教室でした。

意外にも皆さん、当たり前にある食材なので感心が薄かったり、調理法を一つしか知らなかったりします。

料理教室は、地元で生産されているおいしいものをいつもと違う角度から見てもらい、魅力を再発見してもらうことが目的です。地元に愛されるものこそ、外の人に愛してもらえるものになります。

木古内町では新幹線の駅の開業を機にたくさんの人を町に呼び込みたいと方法を模索中です。海産物ならどこにも負けないものがあるというこの地域。漁師や農家の奥さま方を招集して、地元食材の新しい食べ方を披露しました。回を重ねるうちに、主婦以外の方も来てくださったり、新しい取り組み案が出たりして今までになかった「新たな人の和」が芽生えます。

### 木古内のウニとみよい農園のカボチャのサラダ（写真 2）

〈4人分〉

ウニ……………………………4 個
カボチャペースト…………150g
ビネガー………………………適量
ブロッコリースプラウト…適量
天然塩…………………………適量

①ウニの殻を割って中身を取り出し、可食部分だけを殻に戻す。
②カボチャペーストをのせ、甘さを引き立てるためにほんの少しだけ塩とビネガーをふり、ブロッコリースプラウトを散らす。

### イワシとダルス（海藻）のマリネ（写真 4）

〈4人分〉

イワシ…………………………4 匹
ダルス（乾燥）………………10g
赤タマネギ……………………20g
シェリービネガー……小さじ 1
蜂蜜……………………小さじ ½
オリーブオイル………………適量
天然塩…………………………適量

①イワシを 3 枚におろして両面に塩をふる。
②ダルスを水で戻して絞り、シェリービネガーと蜂蜜であえる。
③皿に❶のイワシを並べ❷のダルスを盛り、赤タマネギをスライスして散らす。
④上から塩をふりオリーブオイルをふりかける。

2

1

3

5

4

**1** 初めて訪れる地域では必ず港に行って漁師さんとお話しします。魚介のことだけでなく土地の気質や地域が何を必要としているかまで見通すためです。**2** ウニとみよい農園のカボチャのサラダ。果物より高い糖度のカボチャだからこそできる、ここだけの料理。（P.62 参照）**3** まずはお母さん方に地元の食材を食卓に上げていただくのが狙いです。**5** 道南の海藻の研究をしている吉川誠さん。料理教室にも呼んで、次から一緒に活動できる下地を作ります。

# 地域の中小企業と連携する

## ●静岡・浜松　レーザー光線調理の実現

地方に行って地元食材を使った料理フェアを開くときに、コース料理のメイン食材に使える地元の肉が和牛しかないことが多くありました。和牛は原価が高いので、主催者の方のために利益を出してあげたくてもなかなかかないません。地元には和牛しかない、しかし予算を度外視しないと無理、というジレンマがありました。

寒い季節ならば、牛すね肉など安い部位を煮込み料理でお出しすることができますが、一年中というわけにはいきません。

そんな折に、浜松市の機械メーカー社長の武田信秀さんと出会いました。武田さんはレーザー光線を使った機器を製造販売していました。私はレーザー光線の光エネルギーを使って何か調理ができるのではないかと思いました。

私は料理人ですから、料理はできますがそれ以外のことには限界があります。そういうときには違う職種のプロにお願いや相談をすることにしています。プロ同士がアイデアを持ち寄ると、お互いの発想がぶつかって化学変化が起き、今までになかった全く新しい物が生み出されることがあります。

### レーザー光線調理の開発

私が相談したのは、レーザー光線を使って牛すね肉のスジ部分だけを焼く、というアイデアでした。さっそく武田さんとの共同開発が始まりました。実験試作機でスジの部分だけを狙ってレーザー光線を当ててみると、脂分が肉に染み込み、スジはみるみるゼラチン質に変わっていきます。フライパンでさっと焼いて食べてみたら、スジの部分が牛スジ煮込みのようになって、旨味に変化していることがわかりました。

### レーザー光線調理が実現できること

牛すね肉は、ロースに比べておよそ10分1の金額です。これをレーザー光線調理でステーキとして提供できる肉に変えることで、需要を生み生産者を助ける。原価が安いので消費者も和牛を食べやすくなり、原価率を下げられるのでレストランでもコース料理で使いやすくなる。三者にとってメリットがあるのです。武田さんは、安全面などの改良を重ねてくださり、現在私の店舗で実際に運用しています。業種をまたいだ連携が、新たな需要を生み出します。

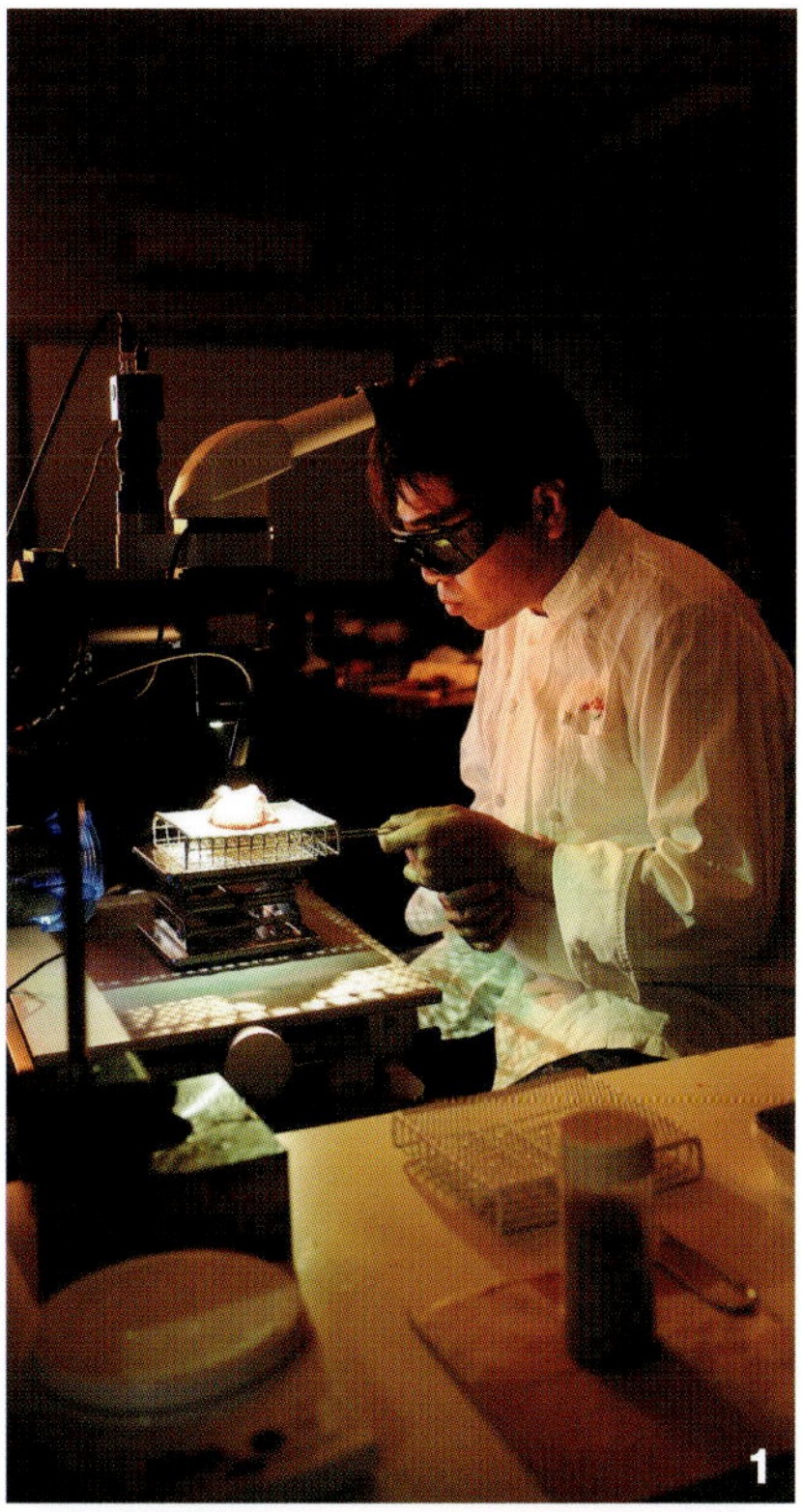

**1** 早速試作機を作ってくださり実証実験を行いました。まず初めに魚の骨だけを焼けないか試しましたが、骨の周辺が真っ黒に焦げてしまいこちらは失敗。**2** 開発に協力してくださった浜松市の大建産業の武田信秀さん。普段は鉄材の溶接や組み立て、レーザー光線を使った精密機器などの製造を手掛けていらっしゃいます。**3** 牛すね肉の試し焼き。**4** スジの部分だけがきれいに焼けました。**5** 私の店で実用している、その名も「筋ケッチァーノ」(=スジ消えるんだよ〜) **6** レーザー光線でスジを焼いた、牛すね肉のステーキです。すねは牛の体で一番よく動かす部位ですから、肉のおいしさは申し分ありません。そこに焼いたスジから染み出た旨味が加わって、よりおいしいステーキに仕上がっています。

ウナギのスパイス焼きとナスの蒲焼き〔静岡 浜松〕

ゴーヤーと海ブドウとチカメキントキ〔沖縄〕

ムール貝とナスの海味スープ〔新潟 佐渡〕

ブリのオッソブーコ〔新潟 佐渡〕

イカ釣り船長のためのイカ料理
〔北海道 せたな〕

じゃがいもリボン〔北海道 十勝〕

高山のナス漬けの汁でマリネした
飛騨の河フグ〔岐阜〕

水戸納豆と茨城のヤガラ〔茨城〕

鮎の胆とフェンネルの花〔岐阜〕

気仙沼大島カブのサンマサンド〔宮城〕

モクズガニの内子のカルボナーラ〔島根〕

宮崎マンゴーと宮崎のイセエビ〔宮崎〕

オオナルコユリとホロホロ鳥の白レバー〔岩手〕

ウツボと白菜のリゾット〔高知〕

磯崎兄弟のホヤ南部もぐり風
〔岩手 種市〕

レタスファミリー〔長野〕

# 第5章
# 戦略的に「売れる商品」を開発するためのレシピ

時代の風を読み
守らなくてはならない味
変えて時代を刺激する味
見極めて
時代に求められる味を創る

ただし
体が喜ぶ圧倒的においしいものは
全てを凌駕する

# 6次産業化を成功させるために

日本各地でいま、6次産業化への取り組みが盛んです。

農林水産業活性化のための国の政策で、補助金制度なども充実し、一次産業従事者の新たな活路として多くの方が参加しています。

汗水流して作った作物からアイデアを駆使して加工品を作り、販売、成功、という事例を聞くこともありますが、作ったはいいが売れない、売れても定期定量で商品を出荷するのが難しく販路を断たれた、などうまくいかない例も耳にします。

商品製造や流通に不慣れな生産者の方々が苦労されているのを伺うと、何か力になれないだろうかと思います。

そこで、私がこれまで関わってきた中で気付いたことや成功例をまとめてみました。

6次産業化を進めるときに気を付けなければならないのは、何といっても「出口」を考えてから商品を作る、という基本をきちんと考えることです。

私が商品開発の相談を受けて一番困るのは、出口の当てがなく、目的もはっきりしない場合です。

生産者や事業者の方が来られて、「何でもいいので奥田さんのアイデアでこれを使って商品を作ってほしい」と言われることがあります。

商品を作る目的は何なのか、どんなビジョンを描いているのか、はたまた何に困っているのか、その先の未来はどうしたいのか。

そうした「どっちを向いて、誰のために、どんな料理（加工品）を作るのか」の基本が明確でないものは、商品の狙いがぼやけて結果的に消費者が欲しがるようなものになりません。

出口を全く考えずに発車してしまうと、せっかく作った商品が売れ残り、消費期限が来て廃棄せざるを得ず、丸々赤字で借金だけが残る、という負のスパイラルに陥ります。

私はどんな商品でも必ず、どこで売るか、誰に売るか、どのように売るか、どれくらい売るか、を想定して商品を開発します。

それが出来てから備品を購入したり、食材や資材をそろえたりという出費となるものに手を付けます。

商品開発の相談を受けた場合も、勝算があるかどうかを慎重に判断します。

食材のクオリティー、売り先、関わる人の顔ぶれを見て、足りないところをアドバイスしながら補強して、みんなで一緒に作り上げていきます。

商品化の前に、食材の力が弱かったり、当事者のチームワークが乱れていたりすると、私一人がどんなに頑張っても良い結果に結び付きません。

商品開発をこちらに任せっきりで待っているだけというのが一番よくありません。そういう例もありますが、長続きせずしぼんでしまいます。

関わる人全員がきちんと自分の役割を果たして進める、というところが、実は最も大切です。

そして私は出口がだいたい8割ぐらい見極められたところで、見切り発車をします。そうするとみんなの気持ちが一つになります。あまり慎重過ぎても機を逸します。

私は生産者の皆さんに、ぜひこの制度を利用して新しい農業の在りかたにチャレンジしていただきたいし、また収入を増やしていく方法を見いだしていただきたいと思っています。

そのための大切なポイントをご紹介します。

## 新しい料理を生み出せる力

**素材の味を分析して理解する能力**
言語化できること

**オリジナルの料理哲学を持つ**
自分だけの
格言を持つ

**味を作る技術とノウハウを持つ**
食材の組み合わせ方
調理技術

三つを同時に成長させていく

**新しい料理を考え形に出来るようになります**

## 時代を感じ取って味付けを変える

| | | |
|---|---|---|
| **不景気** | 良かったころを思い出す味 | プリン・キャラメル・卵<br>イチゴのショートケーキ |
| **孤　独** | 懐かしい母の味 | オムライス・みそ汁・ミルク<br>カレーライス・定食屋 |
| **不　安** | 満足感のあるはっきりとした味 | 濃い味<br>災害後に中華がはやる |
| **経済成長期** | 生産に意識がいくので早く食べられるもの<br>経営陣は潤うので高級食材を求める | 丼物・そば<br>高級レストランブーム |
| **好景気** | 初めての味との遭遇を求める | 珍しい食材<br>グルメブーム |
| **成長期の後** | 競争を拒絶するので癒やしを求める | ハーブ<br>味が薄くても健康的 |
| **生活が安定** | 自分の体の向上を考える<br>アンチエイジング志向 | オーガニック<br>体がきれいになるもの |

# 売れない商品には新たな使命が必要

売れる商品を誰でも作りたいと願っていますよね。でもなかなか望んだ結果がついてこないのが悩みの種です。

そんな悩みを私も若いころはいつも抱えていました。

失敗にも見舞われながら試行錯誤する中で、成功する幾つかの決め手があることに気付きました。

基本的に食材の加工品は、その時代に使命があるものならば、お客さまはお金を出して買いたいと思ってくれます。

反対に、時代の使命とリンクしていないと、思うように売れてはくれません。

例えばイチゴジャムは、かつては「イチゴがない季節にイチゴを恋しがる消費者を満足させる」という使命を持っていました。

しかし現在は、品種改良が進み流通も発達したので、ほぼ年間を通して生のイチゴが売り場に並びます。

すると食べたいときに手に入るイチゴは季節限定のフルーツではなくなり、イチゴが恋しいというお客さまは昔と比べて減りました。

イチゴジャムの保存食としての使命はすでに終わったのです。

一方で6次産業化ブームの折、イチゴジャムはあちこちで新商品が発売され、次第に市場にだぶついていきました。

こういう時には、イチゴジャムに新たな使命を与えることが必要です。

私ならば、イチゴミルクジャムにクッキーとか、イチゴジャムにグアバジュースを混ぜ合わせるなど、新しい魅力的な妙味で関心をあおります。

## 6次産業化を成功させるための5か条

**第1条…商品開発には地元の料理人を巻き込むべし**

生産者や経験の少ない事業者の方にとって食品の加工品を作ることはとても難しいことです。

料理人は、味づくりは百戦錬磨です。もちろん全知全能ではありませんが、一緒に考えてくれると思います。ぜひ遠慮せずに地元の料理人に相談してください。

**第2条…商品開発は加工場でするべからず**

料理人を巻き込んだ際に、初めから加工業者の工場には連れて行かないことです。

試作するのは料理人のレストランの厨房がベストです。いつも使っているメーカーの調味料があって、使い慣れた調理器具がそろっていて味が創造しやすいからです。

自由度が高い方が料理人は頭にひらめいたアイデアをすぐに試してみることができますし、食材が残れば冷蔵庫に入れておけば後から思い付いたときにすぐに試してみることができます。

**第3条…料理人は加工業に染まるべからず**

商品開発の依頼を受けた料理人は、あくまで料理人としてのベストを尽くすことです。

２人前作るのと、２００人前を作るのとでは調理工程が変わりますが、そうしたことをあらかじめ考えたり、加工場の制約が頭の片隅にあったりすると、発想が貧弱になります。

まずは目の前の食材を最大限に生かすひと皿を作り、それを大量製造のスキームに落とし込んでいくのは次の段階と割り切りましょう。

または、圧倒的においしいプレミアムイチゴジャムを作ります。例えば甘さが大人気のあまおう100%で砂糖不使用のジャム、などです。

売り場は高級デパートの地下街や産地直売所の贈答品コーナーなどを想定。食べ方もフレッシュチーズと食べるとかバニラアイスクリームに乗せる、ホットケーキのホイップクリームに添えるなど、パンに塗る以外の楽しみ方をポップなどで提案します。

「一度でいいから食べてみたい」、さらに「おいしかったからまた食べたい」と思わせるような商品にしていくと、イチゴジャムに「高級スイーツ志向のお客さまを満足させるハイクオリティーな嗜好《しこう》品」という新たな使命が生まれます。

売れないもう一つの例として、その商品を消費するシチュエーションがない、というパターンがあります。

あるとき私は、イチゴのスパークリングワインを作ったが売れなくて困っているという相談を受けました。

味は甘さとすっきり感が特徴のさらりとしたおいしいワインですが、食事と合わせるのも難しい、甘いのでたくさんは飲めない、となるのでそれを飲むシチュエーションが見当たりません。

そこで私は、通常の7杯取りの大きなボトルではなく、カップルで飲みきれる、またはちょっと試してみようかなと思える小さいボトルをお勧めしました。

そしてワインを飲むシチュエーション作りも提案しました。例えばコース料理のスタートにイチゴのスパークリングワインとフォアグラのコロッケをお出しするとか、デザートに口当たり滑らかなカステラを出してイチゴのスパークリングワインを合わせるなどです。つまり「買う人がどんな目的で買ってくださるか」を作る側が提案しないと売れないのです。

商品開発をする際には、販路開拓の際にどんな楽しみ方を勧められるのか、どんな売り文句が言えるのか、を必ず想定しましょう。そこに無理があると売れませんし、そうしないと借金だけが残ります。逆にすてきなシチュエーションがつくり出せると売れる商品になります。

**第4条…関わる全員が、意見を出すべし**

商品作りは料理人任せ、加工業者任せにせずに、生産者やその他のスタッフも積極的に意見やアイデアを出しましょう。いまひとつだなと思ったら、遠慮せずにそのことも伝えます。その代わりダメを出すだけではなく、代わりの案や考えも述べましょう。

目標に向かってみんなで一緒に考える。このことでチームの結束が強まり、商品に愛着が湧き、商品が磨かれていきます。

そうしてみんなの気持ちが詰め込まれたひと品は、おのずと求められる商品になっていきます。

**第5条…頭は常に柔らかくしておくべし**

新しい商品を生み出すために常に考えを柔軟にしておくことはとても大切です。私が実践している方法をご紹介します。

まずは高級レストランのビュッフェや居酒屋に行きます。できるだけ食材やメニューのレパートリーの多い所です。

そしていろいろな料理や食材をテーブルに並べ、普段一緒に食べないような食材を組み合わせて食べてみます。気分は自分一人の料理ショーです。

例えばビュッフェの和食コーナーから持ってきたサケの塩焼きと、洋食のデザートコーナーから持ってきたグレープフルーツ、この二つを一緒に頬張ると、グレープフルーツがドレッシング代わりになってサケのサラダに変身。これにオリーブオイルやハーブなどを考えていけば完成形に近づきます。

一つ成功を見つけたら、次は青魚のサバの塩焼きと青いフルーツのキウイはどうだろうというように、次々試してみましょう。

おのれの固定観念からの脱却が、成功する商品開発への近道です。

# 売れない商品を売れる商品に変える打開策

## ①食材のクオリティーを見直す

「究極のおいしいトマト作りに挑戦し、それを商品化していく」という考え方を持つことです。

原料となる食材のクオリティーを高める努力こそが、商品をより魅力的なものに育てていきます。

## ②商品を消費するシチュエーションをつくる

イチゴワイン、コクワワインなどいつどこで飲んだらいいの？　というような商品は、思い切って新しい商品の原料にするという方法があります。

例えばイチゴワインでカクテルを作ると、合成香料にはない本物のイチゴの風味が魅力の付加価値の高いカクテルになります。

またコクワワインはケーキにしてはどうでしょう。コクワはゼラチンで固まらないのでお菓子の原料には使いづらいのですが、ワインならば加工できます。ほかと差別化できる商品となります。

## 生産者の方から依頼を受けて「売れない」を「売れる」に変えた例

### アルケッチァップ

地元のトマトだけで作ったケチャップ仕立て

**★成功したポイント**

▽面白いネーミングで一度聞いたら忘れない

▽日常で使えるもの

▽ほぼ100％トマトが原料

▽おいしいのに捨てられていたトマトを活用するという使命

**出口**→産直、スーパー

### あるけっ茶

世界緑茶コンテスト最高金賞

味はウーロン茶に近い、緑茶葉を発酵させて抽出したお茶。

**★成功したポイント**

▽一度聞いたら忘れない名前

▽健康茶としての使命

▽無農薬栽培という付加価値

▽飽和状態のウーロン茶市場と住み分けている

**出口**→焼肉店、パン屋

### やまぶどうのビンコット

やまぶどうで作った濃厚で甘いソース

**★成功したポイント**

▽売れ残っていたやまぶどうジュースを改良し需要のある商品に変更

▽上品な味が料理をワンランクアップしてくれる

▽やまぶどうは輸入量少なく、国産は希少価値高い

**出口**→飲食店、特にレストランや高級カフェ、バーなど

### ありがた味

地場もん国民大賞審査員特別賞
フード・アクション・ニッポンアワード審査委員特別賞

カツオの骨を真空加熱した保存食品

**★成功したポイント**

▽骨ごと食べられるという驚き

▽魚で一番おいしい骨周りの身＝圧倒的な旨さから高級食材になった

▽捨てられていた骨を活用するという使命

**出口**→飲食店、特にレストラン

### ③組み合わせの妙味を開発

誰も食べたことのない味を作るのです。聞いたことのない組み合わせの料理や、写真を見ただけでは想像できない味は、一度でいいから食べてみたいという購買欲を刺激します。

ただし内容量は少なめにします。希少価値を高めるためです

### ④愛されるネーミングを付ける

一度聞いたら忘れない名前を付けます。名前が面白いというのは重要です。また名前に物語があることも人の記憶に残ります。アルケッチァーノは、「あったよね」という鶴岡の方言から考えました。

覚えられやすい名前の付けかたは次の通りです。

▽最初の文字は「あかさたなはまやらわ」または「ぱぴぷぺぽ」にする。
▽最後の文字は「おこそとのほもよろん」にする
▽真ん中に「ぱぴぷぺぽんっ」を入れる
▽リズムは三段階
「サン フラン シスコ」「パン プ キン」
「サン ダン デロ」

## レストランを見ていると次に何がはやるかがわかる

「イタメシ」

かつてこんな言葉がはやりましたね。イタリア料理のレストランで食事をすることが大ブームになりました。

すると、ナポリ風ピッツァがはやり、ケーキ屋さんにはティラミスが置かれ、ジェラートショップが各地で次々にオープンしました。

同時に高級イタリア車がデートで乗りたい憧れの車になり、女性はイタリアブランドのバッグを持ち歩くのがおしゃれの先端となりました。

ミラノコレクションやベネチア国際映画祭をメディアが毎年大きく取り上げるようになり、その後カフェブームがやって来ます。

レストランで何がはやるのかを注意深く観察していると、次の流行の兆しが見えてきます。

和食が世界無形文化遺産になり、京都が世界の人気観光都市ランキング1位に2年連続で選ばれ、世界で和食店が急増中です。東京オリンピックもあるので、今後世界で日本酒や日本野菜ブームがやってきて、日本の食文化が世界へとより浸透していくでしょう。

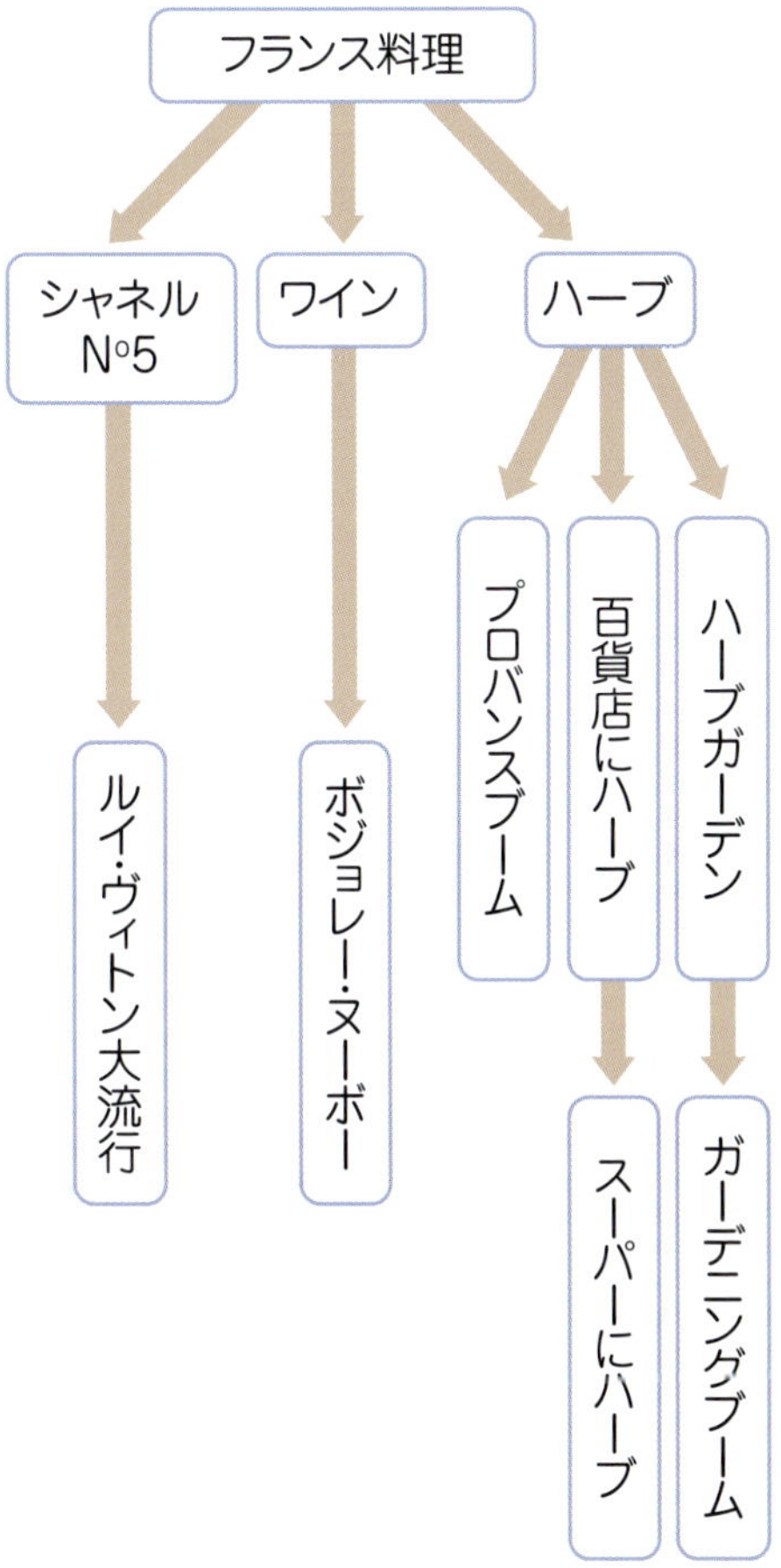


私は商品開発に携わっても監修料やレシピ料、1個につき幾らというマージンはいただきません。その代わり出来あがった加工品を安く仕入れさせていただきます。このやりかたでいくと、良いことが三つあります。
① 自分のレシピで作った商品なので、大人数のイベントで自分の料理の中に使える。
② 生産者にとっては、頼みやすくなる。利害が共有できるので結束が高まる。
③ 仕入れ値が安いので他店より安く売ることができ、お客さんにとっても良い。

# 日本酒こそ世界のスタンダードになれる酒

ワインはいま世界のスタンダードなお酒になっていますね。

それに対して日本酒はワインほどポピュラーではありませんが、実は日本酒はワインよりも味の数が多く、いろいろな素材や料理と合わせやすいのです。

日本酒はそのもの自体がすでに味の方向性を幾つも持っているので、和食だけで考えても、甘じょっぱい味、塩辛い味、淡味、濃厚な味など、どんな食材にもどんな味の濃淡にも合わせることができます。

私は日本酒は特に、油脂を使った魚介の西洋料理や中華料理と相性がよいと考えています。なぜなら、「コハク酸」という貝と同じ旨味の成分を持っているからです。また発酵食品のチーズ料理とも相性抜群です。

日本酒は料理を上手に合わせると、料理との相乗効果でおいしさを膨らませることができます。

さらに日本酒は熱燗から冷酒まで、さまざまな温度で飲めるお酒です。純米吟醸は冷酒、お燗は本醸造と決め込んでいるお店を多く見かけますが、本当にもったいない話です。純米酒であろうと本醸造酒であろうと、いろいろな温度帯で飲める自由さをもっと持っていただけると、日本酒を楽しむ幅がより広がると思います。

日本酒はいわばストライクゾーンが広いお酒です。日本酒にこそ世界中の人から食中酒として選んでもらえる要素がいっぱいあります。

そんな大きな可能性を秘めた日本酒には、日本全国どこへ行っても「地酒」がありますね。

同じ米から造られているのに、これほどまでに地方色豊かな商材はありません。

地酒はみなさんの地域の食文化のオリジナリティーを際立たせることができる最強アイテムなのです。

どうぞ地元の食材とタイアップして今ある地酒を存分に生かして、自分の地域の食の豊かさを再発見してください。

## 日本酒を生かす方法

### 料理の味のボディーを日本酒より小さくするとお酒のおいしさがよりわかる

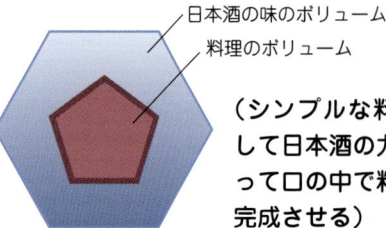

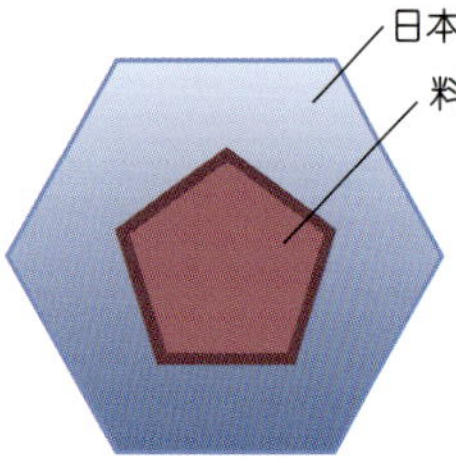


（シンプルな料理にして日本酒の力を使って口の中で料理を完成させる）

アサリの酒蒸し
ゆでたタラにオリーブオイルと塩
ローストして塩をふった豚肉
ゆでたジャガイモに塩

### 日本酒には和食が合うという前提から考えて、和食にある味を参考にする

**和の調味料と同系の味を持つ洋の食材で新しさを演出**

しょうゆ…黒オリーブオイル
昆布…ドライトマト
かつお節…アンチョビ
みそ…チーズ

豆腐にかつお節…豆腐にアンチョビ
焼魚にしょうゆ…焼魚に黒オリーブ
魚の西京焼…チーズを溶かした水に魚を漬けてから焼く

## 日本酒とフルコースの合わせかた

| | 洋　酒 | 日本酒 |
| --- | --- | --- |
| スタート | シャンパン、ビール<br>泡で喉と胃の粘膜を刺激 | 究極は煎茶<br>口の中をきれいにする |
| 生の魚 | 白ワイン<br>油分を中和・臭みを消す | 冷　酒<br>生の魚や貝のコハク酸と調和 |
| 温製の魚 | 白ワイン<br>同化して香り広がる | 特別純米酒の燗<br>47℃以上　糖度高い<br>↓<br>40℃　徐々に糖度低く<br>↓<br>35℃　酸味が自然に出てくる<br>↓<br>30℃　酸味と甘味ちょうどよく<br>（糖度　高→低） |
| 白い肉<br>鶏<br>ハト<br>レバー<br>子羊 | 白ワイン<br>バッチリ合う | |
| 赤い肉 | 赤ワイン<br>乳酸香のするものが合う | 古　酒<br>濃い味が獣臭を消してくれる |
| デザート | デザートワイン | 古　酒<br>古酒の中のキャラメルの香りがお菓子と合う |

## 圧倒的な旨さが生まれる瞬間を体感する

日本酒の大きな特徴は、温度帯で味が大きく変わることです。

ということは料理に日本酒を合わせるときに、一つの日本酒でも温度を変えて出すことで幾つもの料理に合わせられる、ということでもあります。

下のグラフのように燗で出された日本酒は、初めは甘味を強く感じますが、冷めるに従って酸味が出てきます。

これに、それぞれの温度帯で合う食材を選んで一緒にお出しすると、日本酒も料理もこの上なくおいしく感じてもらえるのです。

実はこれをいとも簡単に体感できる、とっておきの方法があります。

この温度の変化に従って、下記の順番でお寿司を食べてみると、素晴らしいフルコースに変身しますよ！

これは味覚のトレーニングにもなりますし、商品開発のヒントも詰まっているはずですのでぜひ試してみてください。回転寿司でも十分満足できる結果が得られます。

日本酒が味覚のミラクルワールドの扉を開いてくれます。

### 奥田流 日本酒でお寿司を抜群においしく食べる方法

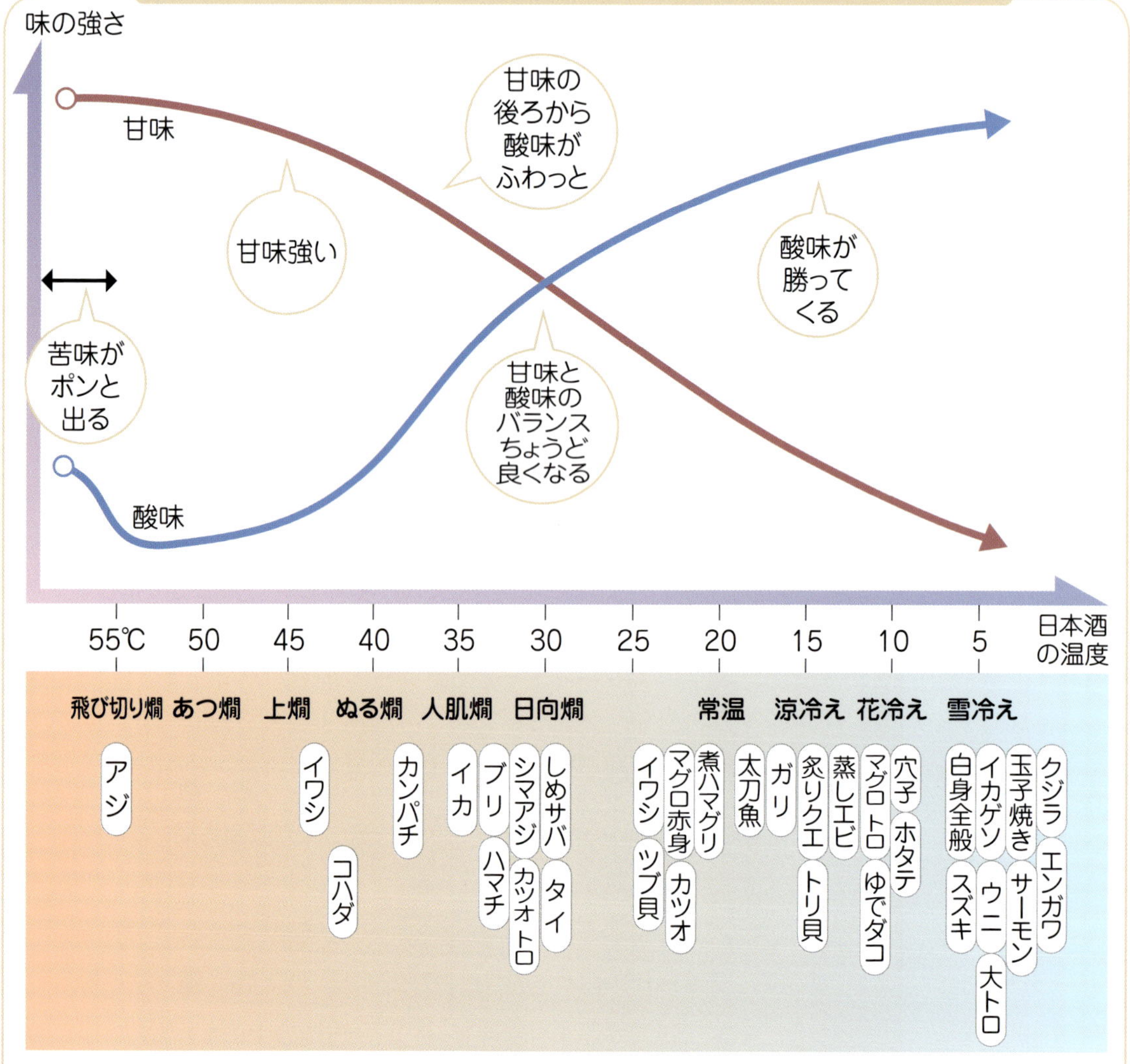


ときには一つのネタを熱燗と冷酒で飲み比べてみてください。
合う、合わないの結果がよりはっきりわかります。

# 日本酒の温度と寿司ネタの味の関係

55℃

アジ 日本酒の苦味とアジの苦味が合わさって旨い

50℃

45℃

イワシ酢〆 日本酒の甘味がイワシの苦味と手をつなぐ
イワシの脂が溶けていくのを楽しむ

コハダ酢〆 酢の酸味が丸くなって複雑な味わいが増していく

40℃

カンパチ 質の良い脂の香りが日本酒の温かさによって昇華する

35℃

イカ イカの甘みが強調される

ブリ ハマチ 脂が溶けていって旨い! 甘味がその後に広がる

シマアジ 口の中でフラットになる カツオ トロ 脂がスーッときれいに溶けていく

30℃

しめサバ 甘味と酸味が強調される タイ コクが引き立ち上品な透き通った味になる

25℃

イワシ生 ツブ貝 甘味が引き立ち酢飯がちょうどよくほどける

マグロ赤身 酸味と甘味がちょうどよい

カツオ 酸味と酸味が手をつなぐ

煮ハマグリ ふわっと甘み広がる

20℃

太刀魚 臭みが消える

数の子 温度によって味変わる
ぬる燗だと苦味強調・冷酒だと酸味強調

15℃

ガリ お口直しをここで

炙りクエ 香ばしさが嫌味なく引き立つ

トリ貝 軟らかくなり甘味と苦味がちょうどよくなる

蒸しエビ エビの甘味に酸味が加わってさっぱりと食べられる

10℃

マグロトロ 日本酒の酸味がトロの甘味と中和する ゆでダコ タコの甘味が酸味と合う

穴子 コクと酸味が合わさってしつこさがなくなりさっぱりと食べられる

ホタテ 酸味が加わって味に膨らみが出る

白身全般 6℃がバッチリ スズキ 洗いのようになり泥臭さがなくなる（温かいと逆効果）

5℃

イカゲソ イカの甘みを酸味が引き立てる（温かいと臭みが出るので×）

ウニ 酸味がウニの甘味と相まっておいしい 大トロ 酸味で締まり、脂が溶けていく

玉子焼き 酸味が味を引き立てる サーモン 生臭味が酸味でかき消される

クジラ 鉄分を感じておいしい エンガワ 脂が締まっておいしい

### お燗のトックリの選び方

日本酒をお燗するときには、トックリは口が細いものを選びましょう。アルコールは口の中で料理の味を膨らませてくれて、なおかつコクを感じさせてくれるので、できるだけ残った方が良いのです。口が広いとアルコールが揮発して抜けてしまいます。

この食べ方をするときにはしょうゆはつけません。ネタを舌の上に置いて寿司を口の中で5回ほど噛んだら、日本酒を小さじ1杯分ほど流し込みます。

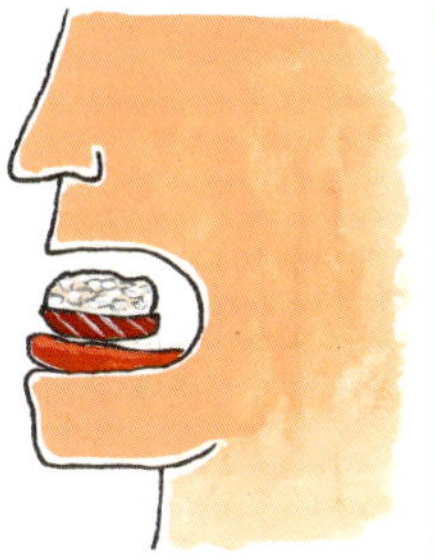

※寿司ネタの鮮度と日本酒の味によって変わることがあります。

# 日本酒の味を分析して合う料理を導き出す

日本酒の味の幅の広さを体感したら、次は日本酒と料理の組み合わせを数値の中から導き出す方法です。

日本酒の味を数値化し、そこから最も合う料理の要素を割り出し、その料理は何かを考えます。

数値で表して考えることで、「何となく合う」というぼやっとした捉えかたではなく、「コクがこれくらいほしい」とか「油分がどれくらい必要か」など、料理に必要な具体的な要素がはっきりと見えてきます。

これにより圧倒的においしい日本酒と料理の組み合わせを考え出すことができます。

味覚は味の記憶力。

味の数値化は初めは難しいかもしれませんが、何度も繰り返していくうちに自分なりの基準がはっきりしてきます。

こうした確固たる味の設計から、地方を経済的に支えてくれる売れる商品や、遠くから足を運んでも食べたいと思ってもらえる料理は生まれます。

## 日本酒の味を分析する

①始めに日本酒の軸に、飲んで確かめた味をプロットする
②線で結ぶと三角形ができる
③料理の軸に、日本酒の三角形と対称形になる三角形を描き、料理の味を導き出す

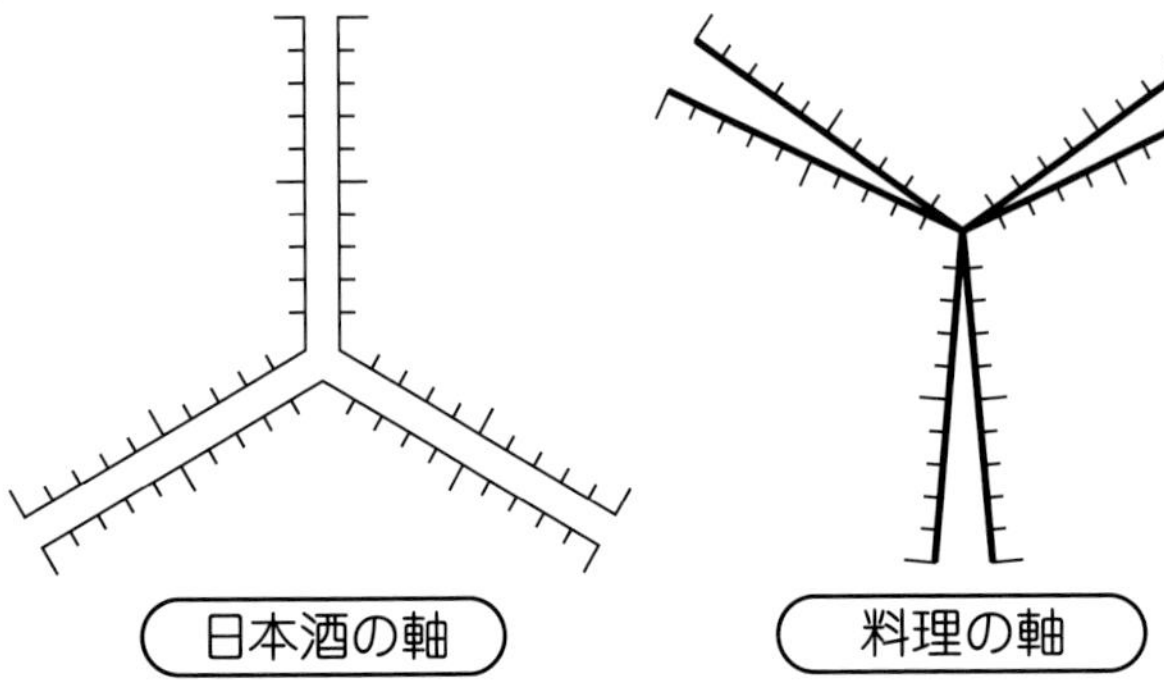


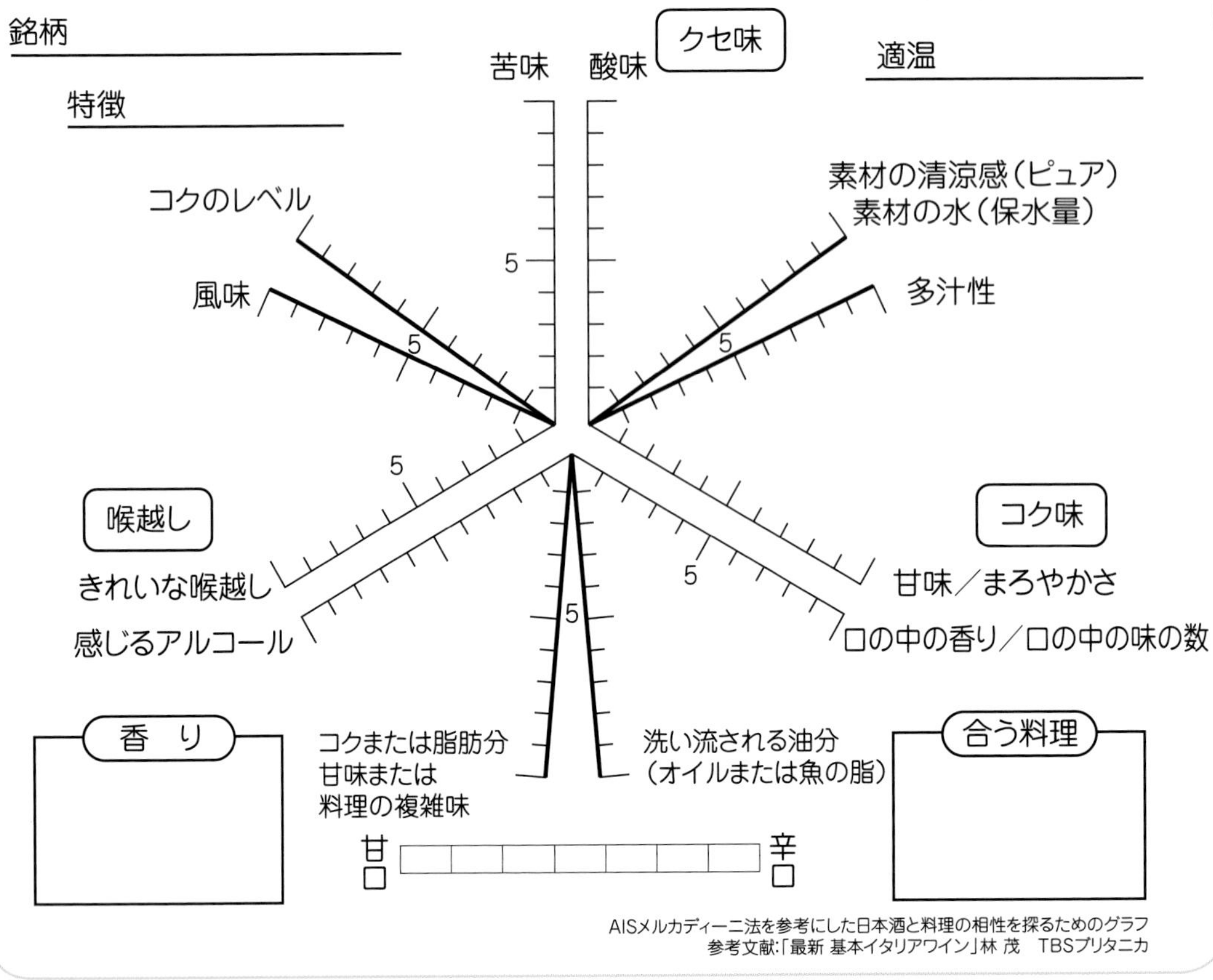


AISメルカディーニ法を参考にした日本酒と料理の相性を探るためのグラフ
参考文献：「最新 基本イタリアワイン」林 茂　TBSブリタニカ

## 「八海山 特別本醸造 精米歩合55%」

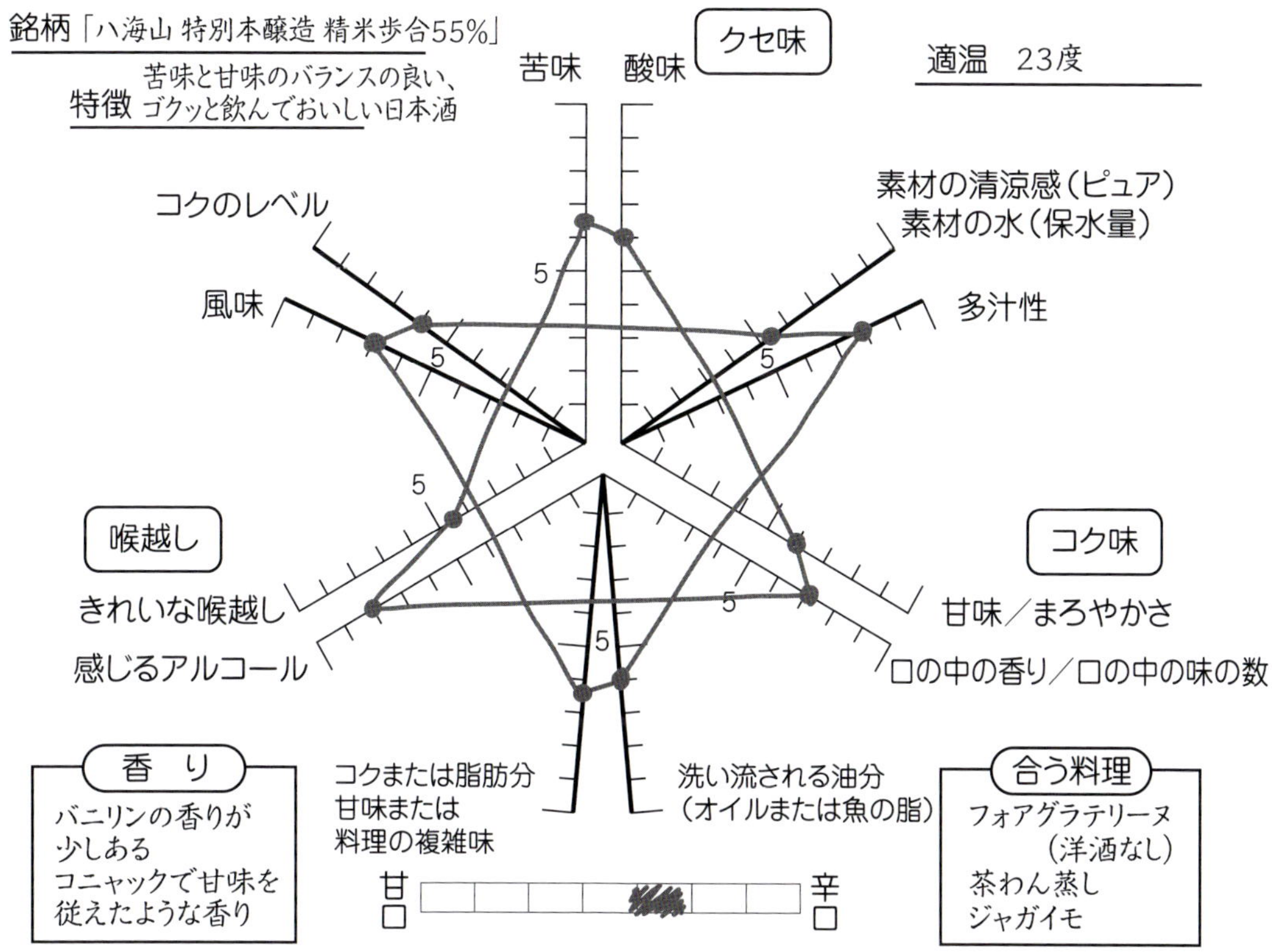


## 日本酒の温度に合わせて料理を作る

### 上燗(45℃)なら「牛の煮込みとホタテとかす漬けの庄内麩のせ」

温めると甘みが強くなるので料理のコクのレベルを上げます。牛のすね肉を赤ワインで煮込み、塩味はやや強めに。そこに味を付けていない生のホタテと、かす漬けを乗せる。一番下の庄内麩は油で揚げたもの。牛肉の酸味と塩味が日本酒の甘みと中和して、そこにホタテのコハク酸が加わり噛むほどに味が変化していきます。かす漬けの発酵した香りが日本酒の熱で温められ鼻の奥に立ち上ります。

### 常温(23℃)なら「からすみのパスタ」

23度は甘みと一緒に酸味を感じる温度です。生のホタテのひもと塩とオリーブオイルであえてカラスミを添えたパスタの料理です。日本酒の酸味の対極の油分はオリーブオイルで、また日本酒のコクにはホタテのひものコハク酸の旨味でバランスをとります。日本酒の苦みとカラスミの苦みが手をつないでコクを感じます。

# 第6章
# 未来を変えていくレシピ

自分の住む地域を元気にしたいと思ったら
まずは格好つけずに喋ろう
次第に共感が生まれ
同志が見付かる

自分の夢から
地域のためという
志に変わると
体が軽くなる
でも現実に睨《にら》まれて
心が重くなる

それでも前へ前へ
諦めずに進むと
いつしか仲間が増えてゆき
楽しい結果に
出会える日が来る

# 共感は言葉から

私は料理人なので料理を作ることを役目と自負していますが、同時に関わる全てのことを「言語化」することに同じぐらいの時間と労力を費やしてきました。

人と人との共感は、思いを言葉にできて初めて生まれます。

私はかつては本当に口下手で、人前で話をすることが苦手でしたが、私を変えてくれたジョルジョのおかげで人に伝えることの大切さを自覚しました。

生まれて初めて講演を頼まれたときには、営業の終わった深夜の店で一人、誰もいないテーブルに向かって話をする練習もしました。そういうことを経て今があります。

あんなに自分の気持ちを話すことが苦手だった私でさえ、このように本を書いたり講演をしたりすることができるようになりましたから、気持ちさえあればどなたでも語り上手になれます。

あなたが語り出したその言葉が積み重なっていく日々が、食習慣を食文化に変えていく道程なのです。

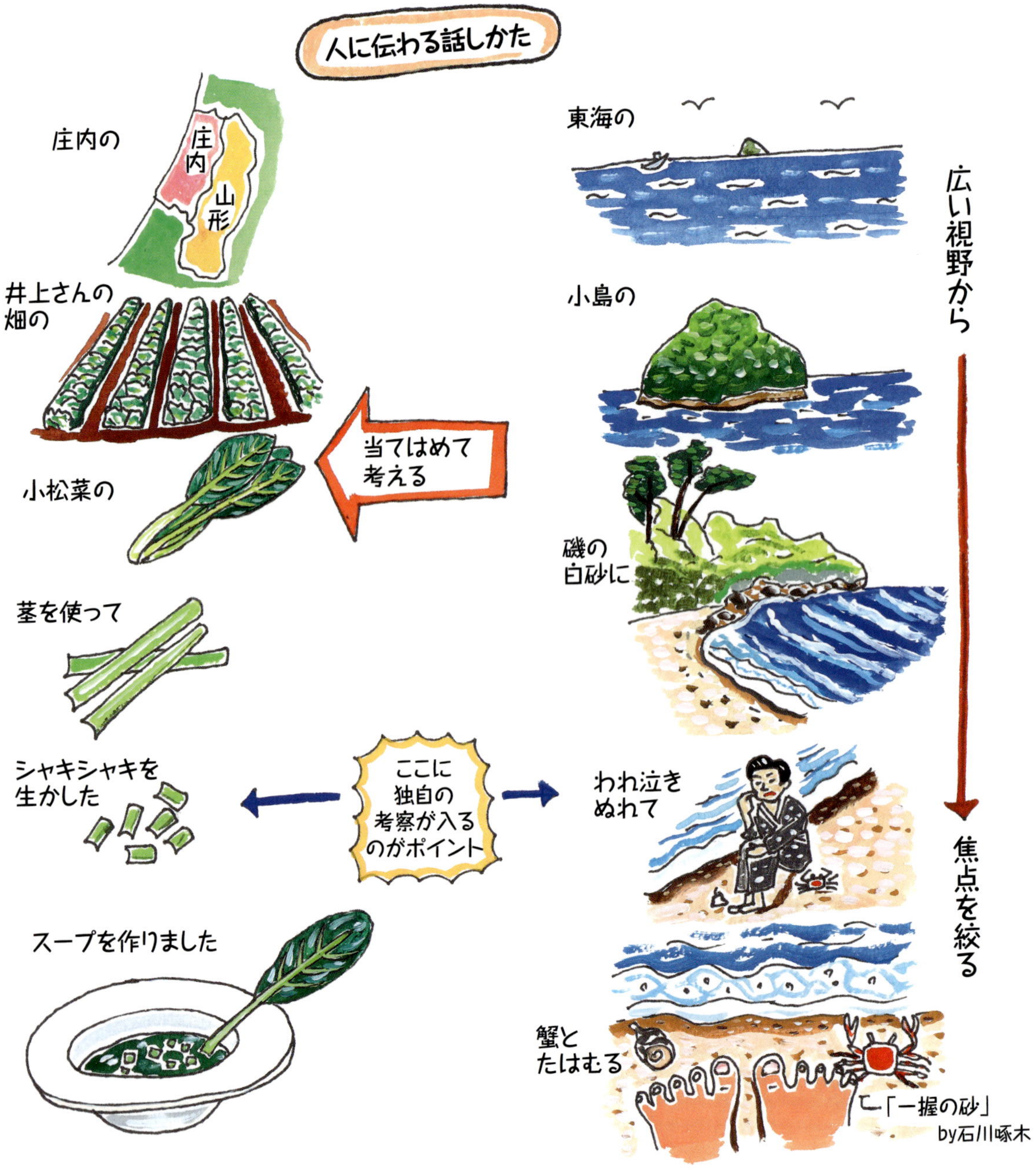

人に伝わる話しかた
庄内の
庄内
山形
井上さんの
畑の
小松菜の
当てはめて
考える
茎を使って
シャキシャキを
生かした
スープを作りました
ここに
独自の
考察が入る
のがポイント
東海の
小島の
磯の
白砂に
われ泣き
ぬれて
蟹と
たはむる
広い視野から
焦点を絞る
「一握の砂」
by石川啄木

## 私の講演の組み立てかた

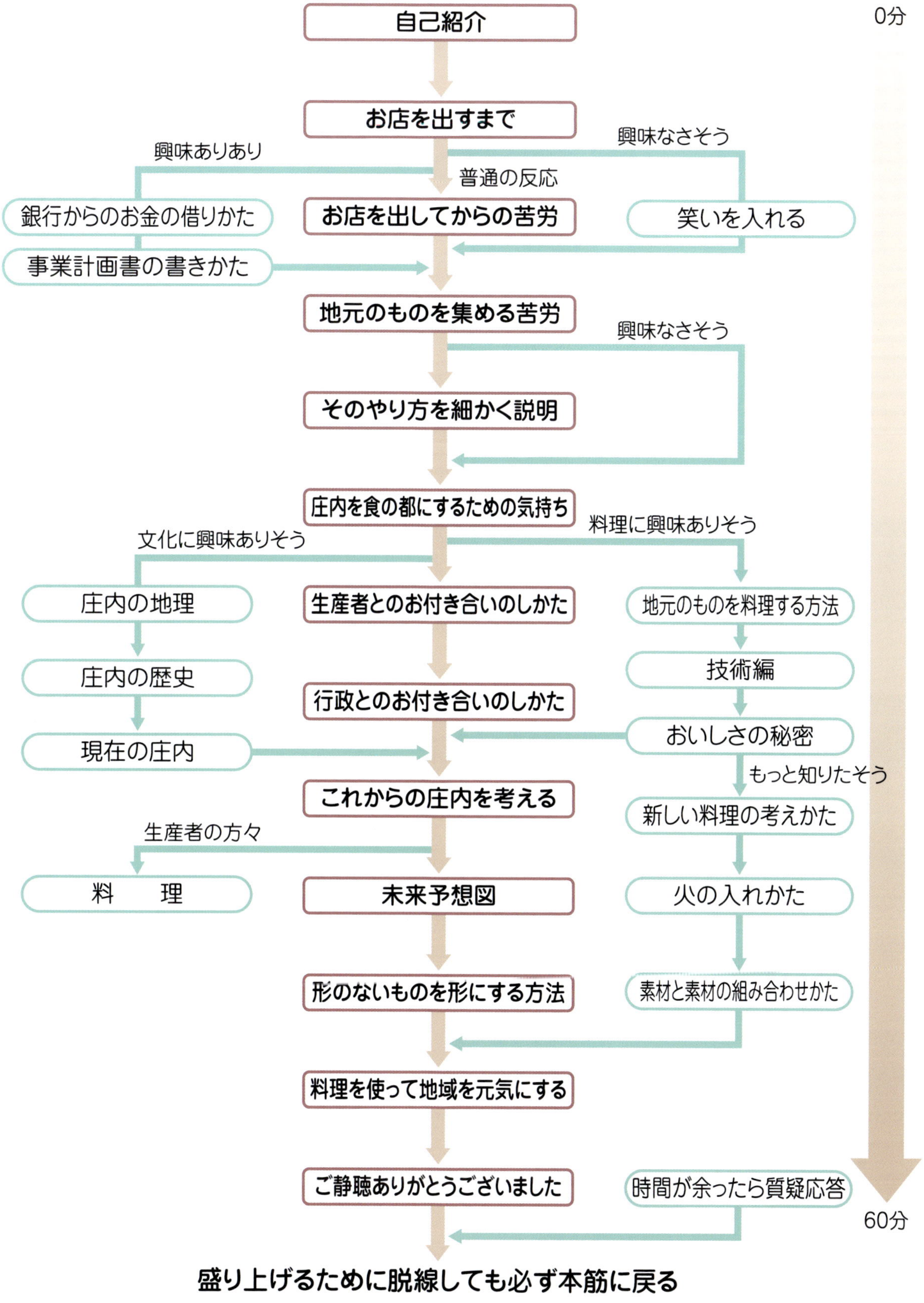
0分
自己紹介
お店を出すまで
興味ありあり
普通の反応
興味なさそう
銀行からのお金の借りかた
事業計画書の書きかた
お店を出してからの苦労
笑いを入れる
地元のものを集める苦労
興味なさそう
そのやり方を細かく説明
庄内を食の都にするための気持ち
文化に興味ありそう
料理に興味ありそう
庄内の地理
庄内の歴史
現在の庄内
生産者とのお付き合いのしかた
行政とのお付き合いのしかた
地元のものを料理する方法
技術編
おいしさの秘密
もっと知りたそう
新しい料理の考えかた
火の入れかた
素材と素材の組み合わせかた
これからの庄内を考える
生産者の方々
料　理
未来予想図
形のないものを形にする方法
料理を使って地域を元気にする
ご静聴ありがとうございました
時間が余ったら質疑応答
60分
盛り上げるために脱線しても必ず本筋に戻る

# 地方の個性的な食文化で世界に向けてアピールを

～日本人にはない視点で日本の魅力を世界に発信してくださっているカデロ大使に地方再生のヒントを伺いました

対談
サンマリノ共和国特命全権大使
**マンリオ・カデロ**さん

**奥田**　カデロ大使はサンマリノ共和国を取り囲むイタリアや周辺のヨーロッパ諸国の事情に精通していらっしゃるのと、最近では「だから日本は世界から尊敬される」という本を出版されて日本でベストセラーになり、外国語版へと展開されています。そうした諸外国と日本の歴史にお詳しい外国人の視点から、日本の地方再生へのご意見を伺いたく対談をお願いしました。

**カデロ**　奥田さんは友達ですからね、おやすいご用ですよ。つい先日も奥田さんのいらっしゃる鶴岡市にある注連寺にお参りに行ってきたところです。とても神聖なお寺でした。ちょうどカナダのテレビ局が取材に来ていてインタビューされて、とても感動したと答えましたよ。

**奥田**　鶴岡のPRにも一役買ってくださってありがとうございます。私の店に初めて来られたときも出羽三山のお参りの帰りでしたね。

**カデロ**　そうでした。当時の市長に案内されて、奥田さんの料理を食べてビックリしました。イタリア料理だけれどさっぱりしていて重くない。日本的なアレンジもあり食材もバラエティーに富んでいてファンタスティックでした。

**奥田**　気に入っていただけて光栄です。大使は日本各地を訪れていて日本の歴史や文化に造詣が深いですが、かつてはジャーナリストだったそうですね。

**カデロ**　私は少年のころから日本に憧れて、学生時代はフランスのソルボンヌ大学で日本文学を勉強しました。旅行でもたびたび訪れ、ジャーナリストになって特派員として10年間ほど日本とサンマリノを行ったり来たりしましたが、その後日本に腰を据えて暮らして30年以上がたちます。

## 日本人は世界で一番自然に近い民族

**奥田**　サンマリノ共和国は国としてのオリジナリティーがあって、日本の地方が自立するというテーマにおいて何かヒントがあるのではないかと思っているのです。

**カデロ**　サンマリノ共和国はイタリアの中部に位置していて面積は世田谷区（62㎢）ほど。人口は3万6000人で、世界で5番目に小さな国です。西暦301年に建国されて以来、軍隊を持たずに平和と自由を重んじています。

　そして世界で一番古い共和国なのです。今のイタリアがローマ帝国だった

**「だから日本は世界から尊敬される」** 小学館新書

2014年6月に出版されたカデロ大使の著書。日本の魅力をあらためて知り、日本人に生まれて良かったと思えた一冊です。

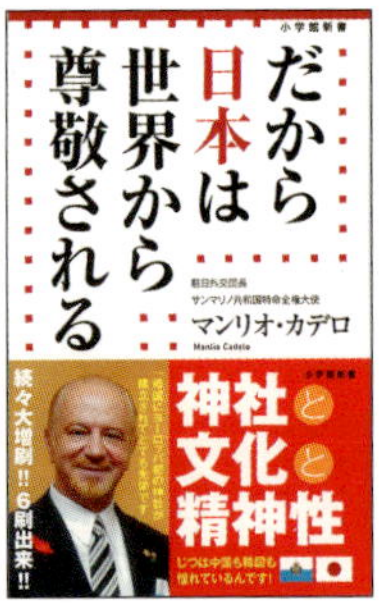

2012年にはサンマリノ共和国より「食の平和大使」に任命されました。サンマリノの食材を日本に紹介したり、日本の食文化をサンマリノで披露したり、食を通した交流のお手伝いをさせていただいています。

時に、サンマリノは外国の支配を受けない市民たちによる自治制度を確立しました。以来現在まで市民から選ばれた評議員が行政と司法の権限を持って現在も政治を行っています。こうした体制が市民の自治自立を支えて今日まできました。ですから市民一人一人に国家の一員だという意識が高いのです。

　ところで奥田さん、サンマリノは世界一古い共和国ですが、日本は世界で一番古い国だとご存知ですか？

**奥田**　そんなふうに学校で習った記憶はないのですが…どういう意味でしょう？

**カデロ**　日本は紀元前660年の神武天皇の即位によって創建されたのが始まりです。古事記や日本書紀をひも解くとちゃんと書いてある。神話というのは国にとってとても大切です。ギリシャもギリシャ神話があるからヨーロッパで歴史を重んじられているでしょう。日本も神話があるから世界から尊ばれるのです。

　日本という国は2675年もの間ずっと天皇制という同じシステムを貫いています。こんな長きにわたって続いている国はほかにありません。世界の歴史を大きな視野で眺めると、日本は世界最古の君主国と言えるのです。最初から同じシステムを貫いている日本とサンマリノは似ている国だなと私は思っています。

**奥田**　なるほど。そんなふうに日本が見られているとは知りませんでした。

**カデロ**　もう一つ、日本が世界から尊ばれているのは神道が国家精神の背景にあるということです。日本には「八百万《やおよろず》の神」という言葉がありますね。山や川にも神さまが宿るという考え方はとても神聖で神秘的です。日本人は世界で一番自然に近い民族だと私は思います。

　食べ物に関してもそうですね。「もったいない」「いただきます」の心は、食べ物の命に対する敬いの気持ちです。食堂などで見ていても、日本人の多くは一人で食事をするときでもいただきますと言います。中には胸の前で両手を合わせる人もいます。そして食べ終わると「ごちそうさま」と言う。

　日本以外の民族ではそういうことはありません。店員に「サンキュー、グラッチェ」を言う人はいますが、敬虔《けいけん》なクリスチャンでなければ黙って食事を始めて黙って終えていきます。

　日本人にとっては当たり前過ぎて気にしたことはないでしょうけれど、私は日本にやって来た時になんて素晴らしい習慣なのだろうと思いました。日本人は礼儀正しく、環境に優しく、平和的な民族なのです。

**奥田**　確かに日本人の中で日常の生活で神道という言葉そのものを意識している人は多くないでしょうね。でも田舎のお祭りはどこも、五穀豊穣《ほうじょう》を山の神さまに感謝したり大地に感謝したりするところから始まっているのがほとんどです。そうした意味をもう一度考えてみることは意義深いかもしれません。そういうことをきっかけに、サンマリノのように住民の一人一人が地域の自治を支えるという意識を持てたら理想的ですね。地方の誇りはもしかすると、そうした自然の恵みへの感謝というところから回復できるのかもしれない。

## 食材の質高い日本 もっと世界にアピールしていい

**奥田**　カデロ大使は日本の食べ物にどんな印象を持っていますか？

**カデロ**　私は日本料理が大好きです。学生のころからね、パリの和食屋さんでトンカツとか冷や奴《やっこ》とか、温かいご飯に納豆なんていうのをガブガブ食べていました。今も日本の家庭料理が好きで、私は肉じゃがならぬ「魚じゃが」

2013年には、カデロ大使と共にローマ法王に謁見。山形の食材を法王に手渡してもらうためにご協力いただきました。

**●マンリオ・カデロ**
イタリア生まれ。フランスのソルボンヌ大学でフランス文学のほか諸外国語、語源学を専攻。1975年に東京に移住しジャーナリストとして活躍。89年駐日サンマリノ共和国の領事に任命。2002年駐日サンマリノ共和国特命全権大使に任命。11年駐日大使の代表「駐日外交団長」に就任。14年、神社本庁公認の神社をサンマリノ共和国にヨーロッパで初めて造営することに尽力。

を作ります。肉の代わりに野菜とマグロなんかでね、みりんを使わずに甘さを控えて作るとおいしいです。

　日本の食べ物はシンプル、だけどおいしい。これ実はすごく難しいことなのです。

　和食が世界遺産になったでしょう。和食のソースはとてもシンプルだけれどおいしいです。これがなぜ難しいのか。食材の質が高くなければできないからなのですね。

　それから何よりもバラエティー豊かですね。ヨーロッパにこんなにたくさんの種類の野菜はありません。日本は特徴的な野菜がたくさん、レンコン、ミツバ、ミョウガ、サンショ、ワラビ、こういう野菜の味をアクセントにして料理しているのが和食ですね。

　お寿司の巻物でも穴子にはキュウリを、鉄火巻きにはシソを入れて野菜そのものの味を楽しんでいる。とても繊細だと思います。

　それから日本のフルーツは味が良くてきれい。日本のナシはヨーロッパにないけれど、これ以上ないっていうぐらいおいしいですよ。

**奥田**　日本のそうした野菜や果物は、世界市場で競争できますか？

**カデロ**　ええ、もちろん。日本人はとても謙虚ですから、良いものをたくさん持っていてもアピールをあまりしませんね。アメリカ人みたいに自分たちがナンバーワンと言わない。これも神道のおかげですよ。謙虚はいいことです。でももっとアピールしてもいいのです。世界中から喜ばれると思いますよ。

## お祭り＋地元のおいしい食べものが人を呼び込む

**奥田**　今回の「地方再生のレシピ」では、過疎化が進む田舎町が元気になる方策をテーマにしているのですが、どんな方法があると思いますか？

**カデロ**　もっと田舎に人が集まることをしたらいいと思います。

　例えばイタリアの田舎でも同じ問題があります。若い人が都会に出て行って高齢化する。だけれどそれを食い止めるために、しょっちゅうお祭りみたいな集まりを催していますね。例えばダンスパーティーとか。都会ほど競争が激しくないという点を魅力に感じる若者たちがそこに集ってくる。そういう田舎に憧れる若者たちが少しずつ増えてきました。

　日本の田舎では、お祭りはあるけれど、年に1回とか2回ですね。それをもっと増やせばいい。田舎は家が広いし車も持てる、空気が良くてリラックスできる、そういう点をもっとアピールしていくべきです。マスメディアを見ていると、日本人は真面目だから暗い問題点を指摘する内容が多い。もっと楽しいところ、魅力的なところをどんどん紹介してほしいです。

　私も地方にはよく行きますけれど、日本の農村は美しいですよ。このところの価値をもっと感じてもらいたいですね。それには田舎の人自身が地方の豊かさをアピールしていかないといけない。

　ですからたくさんお祭りをして、そのときに必ず食べ物を組み合わせるんです。お祭りを楽しんだら必ずおいしいものを食べるシチュエーションを組んで。

　例えばイタリアでも、スペインでも、食べ物のお祭りがたくさんあります。トマト祭り、キノコ祭り、ジャガイモ祭り、オレンジ祭り、いろいろなのがあります。

　山形にはどんなお祭りがありますか？

**奥田**　代表的なのは花笠まつりですね。踊りのお祭りです。

**カデロ**　踊りは一回見たら、もうあの祭りは見たよ、となってその人は次の年は別の祭りに行くでしょう。そこにおいしい食べ物があると、来年も来てこの踊りを見てこのおいしい料理をまた食べたい！　となります。

**奥田**　なるほど。やっぱりおいしいものは人を何度も呼ぶわけですね。その機会を年に何度も作ればいいと。

　確かに日本各地には見て楽しむ、感じて楽しむ祭りがあちこちにありますが、じゃあその祭りのときにこれを必ず食べるよね！　というイメージがまだない。お祭りというと屋台が出て焼きそばとたこ焼きとかき氷が判で押したようにどこにでも売られています。地域色を前面に出すというのは、とても有効なアイデアですね。

**カデロ**　そうです。しかも地方によって食文化が違うでしょう。

　例えばイタリアには20の州がありますが、州によって全然食べるものが違います。生魚を食べる州もあれば全く食べない州もある。リゾットを食べたことがないという州もある。そこは米がとれないからですね。地方によって料理の味付けも全然違う。だからイタリアは面白いですよ。食べ物が地域で違って面白いからお互い行ったり来たりしている。だから田舎が元気なんです。

日本も47都道府県で違いますよね。同じ九州でも熊本料理と博多料理と鹿児島料理は全然違いますね。そういう地域の個性を大切にすることです。

## 地方に外国人を招くために 公共機関の表記は改善を

**奥田**　日本の地方は外国人にどう映っているでしょうか？

**カデロ**　とても魅力があると思います。日本は世界のどこにも似ていない国です。だから日本は外国人の憧れの国なのですよ。東日本大震災のあと一時的に外国人が日本を去りましたが、その後の海外からの観光客の数は急増しています。

あの地震で「和を以《もっ》て尊しとなす」という互いに相手を大切にして協力し合う日本人の高い道徳心を、世界中の人が知ることとなった。それが理由だと私は考えています。人はみな親切で礼儀正しい、そして見たことのない食べ物もいろいろある。そんな神秘的な国を感じてみたいと多くの人が思っています。

そして地方によって特色のあるお祭りがたくさんある。エキサイティングな祭りもあるでしょう。例えば長野の御柱《おんばしら》祭とか。名所旧跡もたくさんあります。ぜひこれらと地元のおいしい食べ物を組み合わせてみてください。

ただ一つ困った問題があります。これはシステムの問題。実は外国人にとって日本の地方はとても行きにくいです。なぜかというと交通機関の表記がまだ外国人対応になっていないからです。

公共施設の表記にもおかしいところがあります。日本は駐在所がたくさんあるけれど、そこには「ＫＯＢＡＮ」と書いてある。外国人は読めませんし意味もわかりません。「ＰＯＬＩＣＥ　ＢＯＸ」と書いてあればわかります。

駅や道路の道案内、せめてそこだけでも英語で表記してあると、今よりもっと行きやすくなります。

東京にはあと数年でオリンピックがやって来るでしょう。日本を世界に知ってもらう大チャンスですね。地方で外国人観光客を増やしたいならば、英語での表記は必ずするべきことです。

**奥田**　確かに、私の店も外国人対応になっていませんでした。これはすぐに取り組みたいと思います。

**カデロ**　それから食べ物のパッケージ表記も見直してほしいですね。例えばコンビニエンスストアで水だと思って買って飲んだら日本酒だったということは、日本語を読めない外国人にはあり得る話です。和風の食材や漢方薬などは、箱の裏の表記の電話番号まで漢字のことがあります。こうなると「0（ゼロ）」しかわかりません。せめて何なのかがわかるようにしてほしい。英語の表記があると外国人は、このメーカーは外国人に親切ねと、それだけでその商品に好感を持ちます。おいしければまた探してでも買うでしょうし、安心して人にも薦められます。お土産の売れ行きがそれだけで変わるかもしれませんよ。

**奥田**　まだまだ日本には課題はたくさんありますね。お話を伺って地方にはたくさんの可能性が隠れていることもわかりました。さっそく参考にしてみんなと一緒に取り組んでいこうと思います。本日はありがとうございました。

**カデロ**　頑張ってください。また奥田さんの料理食べに行きますね。グラッチェ、グラッチェ！

# レストランを入り口にして海外に日本の食材を売り込む

私はこれまで、世界8カ国で数十回にわたり、国際イベントやフェアなどさまざまな場で料理を作ってきました。

初めはその場を成功させることだけで精一杯でしたが、回を重ねるごとに「高額の渡航費をかけて、生産者の方々の食材を託されているわけだから、皆さんの思いに相応の成果がなくてはいけない」と思い始めたのです。

２００９年にスペインで開催されたフードガストロノミカに参加する時に、山形県米「つや姫」を大々的にPRすることになりました。私はつや姫が「世界に輸出される米になってほしい」と思い、そのためにはレストランに置かれる米になる必要があると考えました。

そこで思い付いたのが、ペットボトルにお米を入れるというアイデアです。中身が見え、冷蔵庫から出し入れしやすいからです。さらにそのペットボトルを背中に背負わせるためにベルトを作りました。

スペインで会場に着いて私は、三つ星のシェフを探しました。そこで出会ったのがスペインで超有名なシェフのマルティン・ベラサテギさんです。丁寧にあいさつをし、「食べてほしいものがあるのです」と手を引っ張って日本のブースのある場所に連れていき、まずはつや姫で作った焦がししょう油チャーハンとユズ酢飯で作った寿司を食べていただきました。

ベラサテギ・シェフは「とてもおいしいね！」と喜んでくださいました。

そこで私は、この米をプレゼントしますと言いました。「本当かい？」とうれしそうに言うベラサテギ・シェフにすかさずつや姫のペットボトルを背負わせたのです。

スペインでもとても有名なシェフですから、テレビ局がずっとこの様子を撮影しています。

すっかりご機嫌になったベラサテギさんは、つや姫を背負ったまま私と一緒に会場内を練り歩いてくださいました。

作戦は大成功。

この様子はスペイン国内に放送され、さらに山形からもテレビ局を連れて行っていましたので、県内でも放送されました。

時は流れて3年後。私がスペインのマドリッド国際グルメ博覧会に参加したときのことです。

食材を調達しにマドリッド市内の日本食材店を訪れると、そこにはつや姫が置かれていました。

「つや姫がスペインに輸入されている！」

身震いするほどうれしかったです。私がベラサテギさんにプレゼントしたことが直接的に影響したかどうかはわかりません。でもきっと、そうした小さなことの積み重ねが大きな流れをつくっていくのだと信じています。

私は今年のイタリアのミラノ万国博覧会に参加し、そこでは次のような作戦を考えています。

まず一つめは山形特産のだだちゃ

## 海外イベントでの心得

国際イベントは会場も巨大で人も多く出入りしますが、一方で料理できるスペースや器具が限られていたり、使える食材に制限があったりします。そんな場面を乗り切るコツです。

**●会場を手の内に入れるべし**

会場には一番乗りし、隅から隅まで歩いて一周する。会場の雰囲気に飲まれないためのおまじない。

**●日本の常識を捨てる**

日本なら当たり前の常識が、海外では通用しません。まずどんな場面でも知恵一つで料理する、という気概を持ちましょう。私はフライパンが無かったので天板でリゾットを作ったこともありますし、マグロの解体ショーを依頼されたのに、直前に運ばれてきたマグロが冷凍だったこともあります。

**●自分の目に見えるもの以外は信じない**

注文しておいた○○がない、□□を頼んだのにいつまでも届かない。こんなことはよくあることです。予定は未定で、全てにおいて思った通りにならないと思うこと。

豆を「ワールドナンバーワン・エダマメ」として世界に認知してもらい、輸出につなげる計画です。

　そのために鶴岡市のブースを舞台に輸出に適したフリーズドライのだだちゃ豆や、だだちゃ豆にトリュフの塩をかけて試食として振る舞います。さらに星付きの高級レストランのトラサルディで、アルケッチァーノの定番メニュー「だだちゃ豆とエビのリゾット」をイタリア食材の手長エビを使ってお出しします。現地の食材との合わせ方を示すことで、だだちゃ豆が扱いやすい食材であることをアピールします。

　もう一つは山形の郷土食「いも煮」を世界のスタンダードな和食にするという目標を掲げました。

**1** つや姫を背負ったマルティン・ベラサテギさん。**2** 在スペイン日本大使館のパーティーでいも煮をお出ししたところ大ヒット。写真の男性は5杯もおかわり。いも煮は「旨い」と言わせる要素を全て持っているので、万人にウケること間違いなしなのです。その要素とは、塩味、糖分、旨味、脂肪分、焦げ味、独特の食感（コンニャク）。**3** イタリアの日本食レストランに掲げてもらう看板。「山形いも煮」の世界スタンダード作戦をこの看板に託します。**4** 私の料理人人生の中で絶体絶命ナンバーワンの場面。ベトナムで開かれた国際交流イベントのマグロの解体ショー。用意されていたのは何とカチンコチンの冷凍マグロ。これでは無理と断ったところ、主催者に神頼みされました。そこで本番直前ギリギリまでぬるま湯をかけ、腹の身の薄い部分だけなんとか溶かし、そこに包丁を入れて解体ショーをしのぎ、マグロの握りを出したらステージが客席の人であふれて機動隊まで出動、最後は会場の1200人全員がスタンディングオベーション、拍手喝采で幕を引いたのでした。

　いま海外の日本食レストランが急増しています。そこに「いも煮」を置いてもらおうという計画です。いも煮と一緒にほかの食材も送ります。いわば海外に山形のアンテナショップを作るのです。

　ミラノ博に行ったメンバーで手分けして、真空パックにしたいも煮を持って日本食レストランに行きます。その場で食べてもらい、メニューに入れてもらう交渉をします。そしてOKとなったら、すかさず「YAMAGATA　IMONI」と書いた木の札を釘で打ち付けます。

　これまでのリサーチで私は既に手応えを感じており、この本が発売されるころには、うれしい結果を報告できるのではないかと思います。

　料理は国境も言葉も越えて、人の心を満たします。

　料理人同士ならばそのことがわかっているので伝えやすい。そこでレストランを通して、まずは山形への入り口を外国のいろいろな街に作る。そしてそこから交流が始まる。

　こうして山形の食材のニーズを世界に広げていく。これは私が庄内を拠点に国内でしてきたことと実は全く同じやりかたなのです。

**●料理人に国境はない**
他の国のブースに行って手伝いをして料理人同士で仲良くなると、食材を分けてくれたり、手伝ってくれたりします。

**●海外では和をベースにして料理する**
日本では洋食のシェフだとしても、寿司・天ぷら・手打ちそばの三つは作れるようになっておく。海外でお客さまから期待されるのは「日本らしさ」です。

**●スケッチブックは言葉の壁を越える**
料理人同士なら、フランス語の料理用語を知っていると、世界中の料理人の誰とでもだいたい会話が通じます。そしてスケッチブックに絵を描いてジェスチャーをすればすぐに伝わります。

**●日本人とひと目でわかる演出**
海外では女性なら着物、男性ならハッピや羽織袴など日本の服を着ましょう。

**●海外でこそ地方色が生きる**
地方のオリジナリティあふれる食材は、海外に行った時に威力を発揮します。世界のどこにもないというところこそが魅力なのです。

# 感　謝

今回の本は、私が25歳で庄内に帰ってきてから20年の間に学んだことを書いたものです。幼少のころから高校を卒業するまで過ごした私の実家は、ドライブインを経営していて大繁盛していました。その店を父はホテルにするのが夢でしたが、相談した経営コンサルタントが父名義の小切手を悪用し、それはすぐさま借金となって父に覆いかぶさってきました。ドライブインの経営は立ち行かなくなり、私が21歳の時に借金は膨れ上がり、店と自宅は競売にかけられてなくなりました。そのころの私は東京で料理修業をしている最中で、料理人としても経営者としてもかっこよかった父のために家を継いで再起しようとしていましたので、帰る場所がなくなって気持ちの行き場を失いました。その時に奥田家を助けてくれたのは、私が生まれた鶴岡市の債権者の方でした。お世話になった鶴岡市に料理で恩返しがしたいと思い、25歳まで東京でひたすら料理道を追求した後、生まれ故郷に帰ってきてホテルに勤めました。

私にあるのは大好きな料理と大きな借金。唯一料理に没頭している時だけが借金の重圧から逃れられる時間でした。人間社会の現実に押しつぶされそうになっていた時に出会ったのが、完全無農薬栽培のハーブと野菜とハトを生産していた山澤清さんです。行き詰まっていく私とは裏腹に、山澤さんは日本一のハトを作ると意気込んでいました。とにかく何をやるにも破天荒な方なのですが、話す内容は一つ一つが腑に落ちるのです。私は山澤さんの話を聞きたくてことあるごとに通い続けました。山澤さんの話についていくには予習や復習が必要です。適当な相づちはすぐに見破られます。そうして必死に勉強しているうちに、いつしか自然の循環、地球の営みのことが自身の料理とつながっていき、料理の本質が見えてきました。そしてそれと合わせて、人生を諦めないという気持ちが芽生えてきたのです。山澤さんが料理人だったころの話を聞いたときには、私もまねて同じようにしたらホテルで料理長になりました。その後農家レストランでも料理長になり、莫大な借金があるままでしたが、先輩や地元の銀行が協力してくださって自分のお店もオープンできました。山澤さんはオープン間近の私にこう言いました。「おまえの店がつぶれたらこの地域の全ての料理人の夢がなくなる、だからおまえの店は絶対つぶさせない。ハトを半年間提供するからその間に看板料理を作りなさい」。ほどなくアルケッチァーノは繁盛店になり、山澤さんにハトの料金を払いますと言ったら「そんなものは要らない」と一喝されました。私はどうすれば山澤さんへのお返しができるだろうと毎晩考え、たどり着いた答えは山澤さんの描く理想の農業を目指す人たちが安心して生産できる社会を庄内でつくることでした。奥田家を助けてくれた鶴岡市と山澤さんへの恩返しの気持ちが私の活動の原点です。庄内が食の都と呼ばれるまでが第1章ならば、日本の農業とレストランの新しい形を農業者である山澤さんと模索する第2章がこれから始まります。人間が地球の循環の一部として生きていく社会へ。山澤さんの提唱するモーガニック（more organic）の実現を目指して、挑戦は続きます。

この本は今の時代に必要だと考え、発想から5年かかって発刊にこぎ着けました。この間に私の料理をカメラで撮り続けてくれた長谷川潤さん、私の頭の中にあるビジョンを絵にしてくれたミヤザキケンスケさん、共同通信社の「くらしの知恵」の連載から本にしたいと申し出たときに即答で快諾してくださった編集長の小泉泰紀さん、共に取材した加藤真紀子さん、書籍スタッフの皆さん、そして料理ばかりでいつも家に帰らない父を見捨てずにいてくれた家族のみんな、本当にありがとうございます。そしてこんな私を毎日助けてくれるスタッフのみんなには一番にこの本を贈ります。将来みんなの弟子にも使ってください。今の私の考え方ですからこの先の未来には間違っていることも出てくるかもしれません。その時はちゃんと説明して訂正するのですよ。応用、発展にもいそしんで、君たちの、そして日本の未来を創ってください。

私を人間社会に出してくれた全ての皆さまと料理に感謝して、この本を捧げます。

2015年10月15日

おいしい日本を楽しもう！

アルケッチァーノ 初代シェフ　**奥田政行**

私の師、山澤清さん。地球の営みに寄り添って生きることの豊かさを私に教えてくれました。山澤さんは2015年現在、518種類の日本の野菜の種を自家採種しています。ここは生きた野菜の博物館です。

地方再生《ちほうさいせい》のレシピ　食《しょく》から始《はじ》まる日本《にほん》の豊《ゆた》かさ再発見《さいはっけん》

発行日　2015年10月27日　第1刷発行
　　　　2024年10月17日　第7刷発行

著者　奥田政行

イラスト　ミヤザキ ケンスケ
写真　長谷川潤
デザイン　和田耕治

取材　加藤真紀子
編集　浦野正明
編集協力　小泉泰紀
　　　　下柳田渉
　　　　小宮理栄子
校正　戸津和雅子

発行人　岩永陽一
発行所　株式会社共同通信社（K.K.Kyodo News）
　　　　〒105-7208　東京都港区東新橋1-7-1　汐留メディアタワー
　　　　電話　03（6252）6021
印刷所　大日本印刷株式会社


ISBN978-4-7641-0678-9　C0095　※定価はカバーに表示してあります。

乱丁・落丁本は郵送料小社負担でお取り換えいたします。

誰にも染まらず
誰にも惑わされず
自分が正しいと思った事を
正しいと思ったやり方で
日々起こる事は宇宙の営み
からすればほんの小さな事
でもそこに喜びが生まれたなら
それは何にも替え難い程
大きな事

奥田政行